DR. SABINE NUNIUS

MUT *TROTZ* KRISE

INNERE STÄRKE IN ZEITEN TÄGLICHER KATASTROPHENMELDUNGEN

humboldt

INHALT

VORWORT

„Ich kann das alles nicht mehr hören“, „So langsam könnte ich echt das Kotzen kriegen“, „Soll das jetzt immer so weitergehen? Gibt es künftig nur noch Krisen und Katastrophen?“ Derartige Sätze höre ich bereits seit Längerem immer wieder. Ist dieses Phänomen besonders bemerkenswert oder neuartig? Nicht unbedingt.

Seit jeher gab und gibt es Phasen, die, aus welchen Gründen auch immer, schwieriger sind als andere und sich für einzelne Menschen besonders belastend, fordernd oder bedrohlich gestalten. In solchen Momenten kann das Gefühl entstehen, das Leben sei eigentlich nur noch schrecklich und man werde, egal wohin man schaut, ausschließlich mit Katastrophen und Problemen konfrontiert.

Solche Erlebnisse bekomme ich überdurchschnittlich häufig mit, denn es liegt in der Natur meines Berufs als Coach und Therapeutin, Menschen zu begleiten, denen es schlecht geht und die sich nach mehr Balance, Zufriedenheit und Wohlbefinden sehnen. Dass sie stärker in Krisenstimmung sind als andere, liegt auf der Hand. So betrachtet könnte man zynisch sagen: „Gejammert wurde schon immer.“

Dennoch hat sich nach meinem Empfinden etwas Grundlegendes verändert. Ein erster deutlicher Unterschied ist rein zahlenmäßig die Menge an Menschen, die sich betroffen fühlen. War es zuvor die Ausnahme, dass dich die Welt nur noch nervte oder beängstigte, scheint dieser Zustand mittlerweile für viele zur neuen Normalität geworden zu sein. Ein weiterer Unterschied: Zuvor gab es meist einen klar benennbaren Auslöser für das eigene Krisenempfinden. Heute sind es vielfach „die Umstände“ oder „das Leben an sich“. Auffällig in diesem Zusammenhang ist, dass häufig Sätze fallen wie: „Es geht irgendwie Schlag auf Schlag“ oder „Es reißt einfach nicht ab.“

Tatsächlich könnte man angesichts der Entwicklungen der späten 2010er und frühen 2020er Jahre fast den Eindruck gewinnen, wir befänden uns im falschen Film und es seien versehentlich nur Episoden der Kategorie „Krisen, Katastrophen, Latrinen-Themen“ aufs Programm gekommen. Diese Gemengelage führt dazu, dass mehr und mehr Menschen einen Punkt erreichen, an dem sie sagen: „So kann es nicht weitergehen“ oder „Am liebsten würde ich die Pausentaste drücken und aus dem ganzen Sch*** eine Weile raus sein.“

Mein Eindruck, dass eine solche krisenhafte Wahrnehmung stark zugenommen hat und immer mehr Menschen betrifft, hat sich in vielen Gesprächen mit Kollegen, Freundinnen und Klienten bestätigt. An dieser Stelle ein großes Dankeschön an alle, die sich so oft und intensiv mit mir ausgetauscht haben! Ebenso gibt es in der neueren Forschungsliteratur zunehmend Hinweise auf Veränderungen. Aus diesen Beobachtungen heraus ist letztlich dieses Buch entstanden.

So arbeitest du mit diesem Buch

Gleich vorneweg: Was du in diesem Buch nicht findest, ist ein Lösungsweg, mit dem du sämtliche Krisen buchstäblich zum Verschwinden bringst und der deine Laune in ungeahnte Höhen hebt. Derartig paradiesische Zustände sind eine schöne, aber leider utopische Vorstellung. Es wäre vermessen, den Königsweg dorthin präsentieren zu wollen. Mein Anliegen ist vielmehr, einen Dialog zu einem Thema zu eröffnen, das viele Menschen umtreibt. Dabei möchte ich dir erste Impulse und Hinweise geben, aus welchen Gründen du dein Leben gerade vielleicht als so besonders nervig, frustrierend oder belastend empfindest und wie bzw. warum die Zeiten, in denen wir leben, ihren Teil dazu beitragen. Das ist jedoch nur ein Aspekt! Parallel dazu – und für mich mindestens genauso wichtig – stelle ich dir Ansatzpunkte oder „Stellschrauben" vor, an denen du selbst drehen kannst, um die Krisenstimmung zu reduzieren und wieder mit mehr Mut, Optimismus und Vorfreude in die Zukunft zu blicken.

In drei Schritten zu mehr Zuversicht und Mut

Es erwarten dich somit drei Etappen mit den Überschriften „Orientierung", „Selbstverortung" und „Handlung".

Im Kapitel **„Krisen – die neue Normalität?"** möchte ich gemeinsam mit dir zunächst den Entwicklungen der letzten Jahre nachgehen, die bei vielen dieses allgemeine Krisenempfinden ausgelöst haben, und ihre Folgen betrachten. Allerdings ist es so, dass sich die aktuellen Umstände sehr schnell ändern. Die brandaktuelle und überwältigende Nachricht von heute kann morgen schon wieder von einem ganz anderen Geschehnis überschattet werden und vollkommen in den Hintergrund rücken. Daher wird es gleichzeitig immer auch darum gehen, welche Erkenntnisse du aus einzelnen Umständen gewinnen kannst und wie sich dieses Wissen auf zukünftige, vergleichbare Ereignisse übertragen und nutzen lässt.

Als Zweites wird es unter der Überschrift **„Bestandsaufnahme: Wie geht es dir?"** darum gehen, wo du bei der ganzen Sache stehst und wie deine Reaktionen ausfallen. Dabei soll es stärker ins Detail gehen, als nur das allgemeine „Mich belastet das alles und ich will das weghaben"-Gefühl zu betrachten und es zähneknirschend zu akzeptieren. Durch die Auseinandersetzung damit, wie es dir konkret geht und was genau dich belastet, lernst du, deine eigenen Muster zu erkennen und die darauffolgenden Reaktionen zu verstehen. So schaffst du die Voraussetzungen, sie zu verändern!

Abschließend beschäftigen wir uns in **„Aktiv gegen die Krisenstimmung“** damit, was du selbst tun kannst, um aktiv eine Veränderung herbeizuführen, deine Reaktionen besser zu regulieren und dafür zu sorgen, dass der Krisenmodus künftig seltener einsetzt. Dieser Teil lebt davon, dass du selbst tätig wirst und anfängst, verschiedene Ansätze und Methoden auszuprobieren. Das wird dich mitunter fordern, darf (und soll!) aber gleichzeitig Spaß machen und bietet die Gelegenheit für neue Erfahrungen und Perspektiven. Auf dieser Basis kannst du dein persönliches Programm gegen den Krisenmodus zusammenstellen, um anschließend selbstständig damit weiterzuarbeiten.

Beim Erlernen dieser neuen Strategien sind eine gewisse Regelmäßigkeit und Disziplin gefragt. In gleichem Maße braucht es aber Pausen und Auszeiten. Das ist wie beim Sport. Deine Leistung wird sich nur verbessern, wenn du eine ausgewogene Mischung aus Training und Regeneration bzw. Be- und Entlastung findest. Das Gleiche gilt für die Psyche! Mach deshalb jederzeit eine Unterbrechung, wenn dir die Beschäftigung mit einem Thema zu viel wird, und setze deinen Weg fort, wenn du wieder „den Kopf“ dafür hast. So ergibt sich fast automatisch eine Balance zwischen Training und Regeneration, Aktivität und Erholung. Diese Herangehensweise bewährt sich in allen Bereichen, ganz gleich, ob deine Psyche oder dein Körper gefordert ist!

Du bist gefragt: Von der Theorie in die Praxis

Wie gehst du die Umsetzung am besten an? Mein großes Anliegen ist es, theoretisches Wissen und wissenschaftliche Ergebnisse in praktische Maßnahmen zu übertragen und dir bewährte Methoden vorzustellen. Konkret bedeutet das: Du kannst alles, was du in diesem Buch findest, sofort für dich einsetzen. Ich habe mich bei der

Auswahl bewusst auf Strategien konzentriert, die wenige oder keine Hilfsmittel benötigen und leicht zu erlernen sind.

Um dir den Schritt in die Praxis zusätzlich zu erleichtern, findest du in regelmäßigen Abständen die Gelegenheit zur Selbstreflexion sowie praktische Übungsanleitungen. Sie erinnern dich außerdem daran, dass die Übungen ihre Wirkung nur dann entfalten, wenn du sie tatsächlich durchführst, anstatt sie bloß zu lesen! Fang am besten gleich beim Lesen damit an, indem du die Lektüre kurz unterbrichst und mit dem Experimentieren beginnst. So ergibt sich außerdem eine abwechslungsreiche Mischung aus theoretischem Wissen und praktischer Umsetzung.

Mit diesem Ansatz möchte ich dir eine Strategie an die Hand geben, die einerseits Wissen vermittelt und effektiv ist, andererseits Vergnügen bereitet und dir kleinere wie größere neue Erfahrungen und Einsichten ermöglicht. Auf diese Weise trägt dieses Buch hoffentlich dazu bei, dass du den Krisenmodus abschwächen und mit mehr Mut, Optimismus und Vorfreude in die Zukunft schauen kannst, trotz aller Schreckens- und Katastrophenmeldungen. Ich wünsche dir dafür alles Gute!

KRISEN – DIE NEUE NORMALITÄT?

Dass die Krisenstimmung um sich greift, liegt auf der Hand. Doch seit wann ist das der Fall? Und warum wurde der Ausnahmezustand für viele scheinbar zum „New Normal“, der neuen Normalität? In diesem Kapitel lade ich dich ein, gemeinsam mit mir auf Spurensuche zu gehen. Beginnen wir unsere Reise mit einem Blick auf die unmittelbare Vergangenheit und betrachten wir einen möglichen Startpunkt für das generelle „Es kommt doch echt ein Mist nach dem anderen“-Gefühl.

Wenn Krisen und Belastungen krank machen

Offensichtlich wird die Lage in den frühen 2020er Jahren von vielen Menschen anders wahrgenommen als die Zeit davor – zumindest ist das mein Fazit nach vielen Gesprächen, persönlichen Beobachtungen und der Lektüre zahlreicher Artikel zu diesem Thema. Eine Änderung scheint also stattgefunden zu haben. Allerdings ist es schwer, den konkreten Startpunkt für diese Entwicklung zu benennen. Erste Anzeichen finden sich um das Jahr 2015 herum. Zudem gab es davor diverse

Offensichtlich wird die Lage in den frühen 2020er Jahren von vielen anders wahrgenommen als die Zeit davor.

größere und kleinere Krisen, die sich anscheinend jedoch weniger stark auf die generelle Stimmung ausgewirkt haben.

Corona: Der Beginn einer neuen Krisenrealität?

Zu einem eindeutigen und klaren Einschnitt kommt es 2019 mit dem Beginn der Covid-19-Pandemie. Die Auswirkungen von Corona haben in irgendeiner Form das Leben von uns allen berührt, sei es durch Lockdowns, Kita-Schließungen und Homeoffice oder durch eigene Erkrankungen, anschließende gesundheitliche Probleme und das Miterleben derartiger Erfahrungen bei anderen. Die akute Phase ist glücklicherweise überstanden: Quasi alle Beschränkungen sind aufgehoben und eine Wiederholung strikter Lockdowns und strenger Isolation ist höchst unwahrscheinlich. Was dagegen nachzuwirken scheint, ist ein Krisenempfinden.

Befeuert wird dieses dadurch, dass das Ende der Corona-Pandemie nicht das Ende der großen Krisen bedeutete, ganz im Gegenteil. Vielmehr ging es gefühlt Schlag auf Schlag weiter und wir wurden im Monats-, wenn nicht gar Wochentakt mit neuen beunruhigenden Meldungen und Entwicklungen konfrontiert. Egal ob Klima, wirtschaftliche Lage oder geopolitische Situation – in fast allen zentralen Bereichen unseres Lebens gab es teils kleinere, teils massive Krisen. Kein Wunder also, wenn sich der Eindruck einstellt: Sch*** auf allen Ebenen und es reißt einfach nicht ab. Was erschwerend hinzukommt: Bei vielen waren die Akkus bereits durch die Mehrfachbelastung der Corona-Jahre leer. Dringend notwendig gewesen wäre eine Pause oder Auszeit, die den Namen wirklich verdient. Stattdessen mussten wir uns mit immer neuen Herausforde-

Nach den Corona-Jahren wäre eine Pause oder Auszeit dringend notwendig gewesen.

rungen, potenziellen Bedrohungen und besorgniserregenden Perspektiven auseinandersetzen.

Grundsätzlich wären viele von uns vermutlich dazu in der Lage gewesen, diese zu bewältigen. Das kennst du wahrscheinlich aus eigener Erfahrung, stressige Zeiten gibt es immer wieder! Gut bewältigbar sind sie dann, wenn sie sich auf einzelne Bereiche unseres Lebens konzentrieren und zeitlich beschränkt sind. Schwierig wird es dagegen, wenn plötzlich fast alle zentralen Lebensbereiche betroffen sind und es gefühlt ohne Unterbrechung immer weitergeht. Dann ist irgendwann der Punkt erreicht, an dem selbst bei den resilientesten Menschen die inneren Ressourcen erschöpft sind und die Symptome der Dauerbelastung zunehmend deutlich hervortreten.

Die Überlastung nimmt zu

Dieser Punkt ist inzwischen bei vielen erreicht. Diese Beobachtung lässt sich durch Zahlen belegen. Einschlägige Studien und Untersuchungen zeigen, dass die Ereignisse der späten 2010er bzw. frühen 2020er Jahre ihre Spuren hinterlassen. Anhand dieser Daten wird offensichtlich, wie viele Menschen unter hoher Belastung stehen und den Eindruck haben, mit den Umständen nicht mehr zurechtzukommen.

Falls du dich überfordert fühlst: Du bist alles andere als die Ausnahme!

Falls es dir ebenso geht: Du bist also alles andere als die Ausnahme! Folgt man einer Studie des Rheingold Instituts für Marktforschung, fühlten sich im Jahr 2023 59 % der Befragten von den Krisenlagen der Gegenwart überfordert. 68 % setzten zunehmend auf den Rückzug ins Private und gaben an, sich vor allem ihre Ruhe zu wünschen.[1] Weitere, vergleichbare Studien titeln mit Überschriften wie „Krisenstimmung, wohin man schaut“.[2]

Derartige Aussagen nehmen stark zu und bilden mittlerweile sogar den Schwerpunkt eigenständiger Fachkonferenzen. So standen die Lindauer Psychotherapiewochen 2024 unter dem Titel „Bedrohung und Solidarität“ sowie „Erschöpfung und Widerstandskraft“. In der Einleitung zum ersten Teil der Veranstaltung heißt es: „Unsere Welt ist unsicher geworden. Pandemie, Krieg, Extremwetterereignisse, Klimawandel, Erodierung demokratischer Selbstverständlichkeiten. Das Gefühl der Bedrohung ist allgegenwärtig: auf nichts scheint mehr Verlass. Wir scheinen uns in einem nicht enden wollenden Krisenmodus zu befinden.“[3]

Es hat sich also offensichtlich etwas an unserer Lebensrealität geändert. Doch handelt es sich dabei um eine rein subjektive Wahrnehmung oder um eine objektive Tatsache? Dieser Frage werden wir uns gleich näher widmen. Davon abgesehen: Für dein persönliches Empfinden ist es zunächst völlig unerheblich, ob es eine „reale“ Grundlage gibt oder ob sich für dich die Dinge gerade „nur“ so anfühlen. Gestaltet sich „deine“ Welt bedrohlich, gefahrbehaftet und feindlich, handelt es sich für dich dabei um die Realität und damit um einen Ist-Zustand, der potenzielle Auswirkungen auf deine psychische wie physische Gesundheit hat. Schon allein deswegen sollte er ernst genommen werden, anstatt mit einem „Hab doch ein dickeres Fell“ oder „Lass das alles nicht so nah an dich ran“ abgetan zu werden!

PSYCHISCHE ERKRANKUNGEN NEHMEN ZU

Laut der Deutschen Gesellschaft für Psychiatrie und Psychotherapie, Psychosomatik und Nervenheilkunde (DGPPN) erfüllte im Jahr 2023 mehr als jeder vierte Erwachsene im Zeitraum eines Jahres die Kriterien für eine psychische Erkrankung. Die häufigsten

Krankheitsbilder sind Angststörungen, Depressionen und Störungen durch Alkohol- oder Medikamentengebrauch. In konkreten Zahlen ausgedrückt: Fast 18 Millionen Menschen sind pro Jahr von einer psychischen Erkrankung betroffen.[4]

Bislang existieren noch keine epidemiologischen Studien, die belastbare Informationen über einen tatsächlichen Anstieg psychischer Erkrankungen in Deutschland während oder nach der Covid-19-Pandemie nachweisen. Allerdings gibt es vermehrt Hinweise darauf, dass ein solcher Zusammenhang besteht, etwa in Form von Befragungen des Robert Koch-Instituts (RKI) von 2019 bis 2022 (GEDA-Studie), Berichten der WHO zur weltweiten Lage (Global Burden of Disease Study) und den Abrechnungsdaten der Krankenkassen.[5]

Übrigens: Die Zunahme an psychischen Erkrankungen erreicht mittlerweile auch die Arbeitswelt. Statista berichtet, dass in den frühen 2000er Jahren vor allem Beschäftigungslose von psychischen Erkrankungen betroffen waren. In den darauffolgenden Jahrzehnten sind es dagegen insbesondere die Berufstätigen, die aus psychisch bedingten Gründen ausfallen.[6] Im Vergleich zum Zeitraum vor der Pandemie haben die Fehlzeiten aufgrund psychischer Erkrankungen überproportional zugenommen.[7] Der DAK Psychreport verzeichnet im Zehnjahreszeitraum von 2012 bis 2022 einen Anstieg der Fehltage aus psychischen Gründen um 48 %.[8] Zudem sind psychische Erkrankungen mittlerweile der häufigste Grund für Frühverrentungen.[9] Derzeit ist zu erwarten, dass sich der Trend eher weiter fortsetzt, anstatt wieder abzuflauen.

Psychische Erkrankungen sind mittlerweile der häufigste Grund für Frühverrentungen.

Dein Umgang mit dem Status quo

Die genannten Zahlen und Einschätzungen sprechen eine deutliche Sprache. Es hat eine Veränderung hinsichtlich der Gesamtstimmungslage gegeben und eine zunehmende Zahl an Menschen ist davon betroffen. Zusammengefasst lässt sich der Status quo folgendermaßen beschreiben:

- Eine steigende Zahl an Menschen fühlt sich überfordert, überlastet oder dauerhaft genervt und frustriert. Zunehmend sind auch diejenigen betroffen, die grundsätzlich „resilient" sind, also in der Vergangenheit gut mit Stressphasen umgehen konnten und bereits zahlreiche Klippen erfolgreich umschifft haben. Immer öfter ist selbst bei ihnen ein Maß erreicht, an dem die Anforderungen die vorhandenen Kräfte und Energiereserven übersteigen.
- Häufig lässt sich für das subjektive Gefühl der Ohnmacht, Bedrohung oder Überforderung kein spezifischer Auslöser identifizieren. Es gibt weder die eine Ursache noch den einen Faktor, der das Leben gerade so schwierig macht. Vielmehr ist es das Konglomerat von allem, was auf uns einprasselt, etwa das Zusammenkommen von Stressfaktoren im Beruflichen wie in der Freizeit, im Öffentlichen wie im Privaten. Verstärkt wird diese Stimmungslage durch Krisenmeldungen aus sämtlichen zentralen Lebensbereichen, angefangen von Wirtschaft und Politik bis hin zu Klima und Gesundheit – es scheint, als gäbe es überall nur noch Probleme und Katastrophen.
- Die Auswirkungen dieses anhaltenden „Dauerfeuers" oder ständigen Krisenmodus zeigen sich deutlich. Dabei lassen sich unterschiedliche Grade der Ausprägung beobachten. So liegen einerseits vermehrt psychische Erkrankungen vor, die behandlungsbedürftig sind. Andererseits wächst die Grauzone derer, die ihren Alltag noch bewältigen und mit allen Anforderungen „irgendwie" zurande kommen, für sich aber erkannt haben, dass es so auf Dauer nicht weitergehen kann.

Soweit der momentane Ist-Zustand. Aus dieser Warte betrachtet gestaltet sich unsere Lebensrealität eher düster. Aber ist es wirklich derart schlecht um unsere Lage bestellt? Musst du dich darauf einstellen, dass die Krisenstimmung zum dauerhaften neuen Lebensgefühl wird und dass uns das Katastrophenkarussell irgendwann in wahrhaft apokalyptische Zustände katapultiert? Ich glaube: nein.

Trotz allem Schrecklichen und Belastenden gibt es positive Entwicklungen und vielversprechende Tendenzen.

Zweifellos: Zumindest in Deutschland und im westlichen Europa haben wir bereits deutlich ruhigere und stabilere Phasen erlebt. Das, was in den vergangenen Jahren geschah und weiterhin geschieht, stellt uns vor zahlreiche, teils enorme Herausforderungen. Dennoch gibt es, neben allem Schrecklichen und Belastenden, positive Entwicklungen, Fortschritt und vielversprechende Tendenzen. Um diese Aspekte wahrzunehmen, musst du allerdings den Blick darauf lenken und sie zwischen allen Katastrophen, Krisen und Kotzanlässen überhaupt noch sehen und erkennen!

Was so formuliert höchst banal klingt, erweist sich in der Realität als entscheidender Punkt. Denn schlechte Nachrichten und negative Ereignisse haben die Tendenz, alles zu überlagern. Zudem lassen sie dich vergessen, wie viele Krisen und Schwierigkeiten du in der Vergangenheit bereits überwunden hast, selbst wenn diese im ersten Moment noch so überwältigend und angsteinflößend erschienen. Hinzu kommt, dass Angst und Panik schlechte Ratgeber sind.

Ist die Negativspirale einmal in Gang gekommen, bedarf es einiger Anstrengung, sich ihr wieder zu entziehen.

Das hat einen ganz bestimmten Grund: Übernehmen diejenigen Strukturen in deinem Gehirn die Führung, die für Angst- und Panikreaktionen verantwortlich sind, wirst du mitgerissen von einem

Strudel an unangenehmen Emotionen und beängstigenden Gefühlen. Du verlierst die Fähigkeit zu klarem, strukturiertem Denken und erlebst dich umso hilfloser, verlassener und ohnmächtiger. Ist diese Negativspirale einmal in Gang gekommen, bedarf es einiger Anstrengung, sich ihr wieder zu entziehen. Das ist anstrengend, aber durchaus möglich!

Was helfen kann, zurück in die Balance zu kommen:

- Der Austausch mit anderen Menschen und das Wissen, dass du mit deiner Situation nicht allein bist.
- Distanzierung und ein neutralerer Blick auf die Dinge. Beides unterstützt dich dabei, deine Perspektive neu auszurichten. So gelingt es dir, Lösungsansätze zu sehen, sie gezielt zu verfolgen und Handlungsfähigkeit zurückzugewinnen.
- Konkrete Strategien, die in beunruhigenden Zeiten Stabilität schaffen. Gelingt es dir, den Krisenmodus im eigenen Kopf abzustellen, gestaltet sich automatisch deine Wahrnehmung der Realität freundlicher und du kannst deiner Zukunft optimistischer entgegensehen.

An genau diesen Punkten werden wir im Folgenden ansetzen! Fahren wir dafür deshalb mit unserer „Orientierungsetappe“ fort und betrachten wir als Nächstes, ob wir tatsächlich in einer komplett neuen Zeit leben, die nur noch von Krisen, Kriegen und anderen Katastrophen bestimmt ist, oder ob doch mehr Grund zur Hoffnung besteht, als es zunächst scheint.

Ist die Krisenlage neu?

„Negative Schlagzeilen dominieren dieses Jahr. Politische Krisen, Bürgerkriege und Naturkatastrophen halten die Welt in Atem. Die Zahl der bewaffneten Konflikte nimmt zu […].“[10]

Kommt dir dieser Einleser bekannt vor? Wenn ja, dann darf ich dir – verbunden mit einem ironischen Augenzwinkern – zu deinem exzellenten Gedächtnis gratulieren. Denn was anfänglich wie eine treffende Zusammenfassung der Gesamtsituation eines der späten 2010er oder frühen 2020er Jahre erscheint, ist tatsächlich ein Auszug aus dem ARD-Jahresrückblick für das Jahr 1970.

Rückblickend betrachtet hat eine krisenhafte Einschätzung bzw. Wahrnehmung der allgemeinen Lage fast schon Tradition und lässt sich in regelmäßigen Abständen in der Vergangenheit beobachten – dies übrigens länderübergreifend. Eine vergleichbare Stimmung zeigt sich beispielsweise etwa 20 Jahre später erneut. Der US-amerikanische Anthropologe Robert L. Kelly stieß in seiner Analyse des englischsprachigen Buchmarkts[11] ab den späten 1980ern auf zahlreiche Titel angesehener Autoren, die mit „The End of …“ beginnen. Kelly kommt in seiner Aufzählung auf rund 20 Publikationen, die alle in irgendeiner Form ein Ende ankündigen und Krisen prophezeien.

Schlechte Nachrichten ziehen besonders viel Aufmerksamkeit auf sich und verkaufen sich deshalb gut.

Grundsätzlich betrachtet begleiten und beunruhigen uns Krisen, Katastrophen und bedrohliche Ereignisse ohnehin schon seit langer Zeit. Damit einher gehen Vorhersagen apokalyptischer Szenarien und Ankündigungen des Weltuntergangs. An dieser Stelle kommen zwei Aspekte zusammen: Einerseits befeuert das tatsächliche Geschehen diese Tendenzen. Andererseits wird gezielt der Fokus auf das gelenkt, was besonders gut vermarktbar ist. Dabei gilt nach wie vor der vielzitierte Spruch aus der Medienbranche: „Nur schlechte Nachrichten sind gute Nachrichten." Mit anderen Worten, schlechte Nachrichten ziehen besonders viel Aufmerksamkeit auf sich und verkaufen sich deshalb gut.

In Zeiten zunehmender Ökonomisierung hat dies Auswirkungen auf die Medienwelt. Neben Information und Berichterstattung geht es inzwischen ebenso darum, die maximale Anzahl an Aufrufen und Klicks zu generieren. Meldungen möglichst reißerisch aufzumachen oder sogar aktives Clickbaiting zu betreiben sind dafür probate Mittel. Rufe dir diesen Trend ins Gedächtnis, wenn du das nächste Mal die aktuellen Schlagzeilen betrachtest!

Was kannst du aus dieser Erkenntnis für dich und deine momentane Situation mitnehmen? Unterliegst du lediglich einer Art „bias", einem Vorurteil, und sind Krisen in deiner Wahrnehmung aus irgendeinem Grund präsenter, obwohl sich an der Gesamtlage wenig geändert hat? Oder ist doch etwas dran an dem Argument, dass sich plötzlich eine Krise und Katastrophe an die nächste reiht? Die Wahrheit liegt vermutlich dazwischen, wie eine genauere Analyse zeigt.

Krisen gab es immer

Neutral und historisch betrachtet stellen Krisen eine Art Konstante in der Menschheitsgeschichte dar. Greifen wir allein die Zahl der bewaffneten Konflikte heraus, ergibt sich ein ernüchterndes Bild. Laut der New York Times lebte die Menschheit innerhalb der letzten 3400 Jahre nur insgesamt 268 Jahre in komplettem Frieden. Das entspricht etwa 8 % der Zeit, über die historische Aufzeichnungen existieren.[12] Folgen wir dieser Einschätzung, dann stellen Kriege eher den traurigen Normalzustand als Ausnahmeereignisse dar. Führst du dir vor Augen, in wie vielen anderen Bereichen ebenso potenzielle

Katastrophen drohen, wie etwa Naturkatastrophen, Großunfälle und Wirtschaftskrisen, liegt es auf der Hand, dass Negativmeldungen fast zwangsläufig dominieren müssen. Allerdings: Wenn es sich dabei um eine derartige Konstante handelt, warum haben wir uns nicht schon längst daran gewöhnt? Haben wir in den 2000er Jahren plötzlich verlernt, mit Problemen umzugehen und Schwierigkeiten zu bewältigen, oder sind die Umstände trotzdem „irgendwie anders"?

Blicken wir zur Beantwortung dieser Frage noch einmal deutlich weiter zurück in die Vergangenheit. Dabei entdecken wir eine zweite Komponente: Neben Krisen und Katastrophen existiert eine zweite Konstante in der menschlichen Kultur, nämlich massive Umbrüche und Veränderungen. Solche tiefgreifenden Einschnitte müssen nicht per se negativ sein. Auch gute Entwicklungen gehen mit erheblichen Veränderungen und Umwälzungen einher! Allerdings werden sie stets von Unsicherheit und einem Gefühl von Kontrollverlust begleitet.

Diese Faktoren – Unsicherheit, mangelnde Einflussmöglichkeiten und Ungewissheit, wie es weitergeht – führen zu Verunsicherung und Sorge bis hin zu Angst und blanker Panik. Anders ausgedrückt: Selbst wenn eine größere positive Entwicklung einsetzt, löst sie anfangs Unbehagen oder sogar Angst aus und befeuert so potenziell das Krisenempfinden.

Mangelnde Einflussmöglichkeiten und Ungewissheit führen zu Verunsicherung, Sorge und Angst.

Diese Beobachtung liefert dir einen ersten Hinweis darauf, warum die allgemeine Verunsicherung und gefühlte Bedrohung so stark zugenommen haben. Revolutionen, einschneidende Veränderungen und Krisen gibt es, seit die Erde existiert. Diese Tatsache ist konstant geblieben. Was sich dagegen erheblich verändert hat, ist die Geschwindigkeit, mit der diese Veränderungen auftreten. Wir werden also nicht mit grundsätzlich

Neuem, aber mit deutlich mehr davon in weitaus kürzerer Zeit konfrontiert. Diese Entwicklung bezeichnet die Wissenschaft als „Great Acceleration“, zu Deutsch „große Beschleunigung“. Gängigerweise datiert man ihren Beginn auf die 1950er Jahre.[13]

Diese enorme Beschleunigung bezieht sich neben der reinen Geschwindigkeit der Ereignisse auch auf ihre Dimensionen und die Reichweite ihrer Auswirkungen. Du hast es einerseits mit einer größeren Zahl an Umwälzungen, andererseits mit intensiveren und von ihrer Größe her überwältigenderen Geschehnissen zu tun. Zwangsläufig nehmen wir deshalb die Zeiten als „anders“ wahr, in diesem Fall als bedrohlicher, angsteinflößender oder unsicherer.[14] Aus dieser Perspektive betrachtet leben wir tatsächlich in einer „neuen“ Zeit – und haben den ersten möglichen Auslöser für den kollektiven Krisenmodus identifiziert!

Reflexion:
Wie ist dein Eindruck von der großen Beschleunigung? Wo erfährst du sie selbst am intensivsten? Berührt sie dich eher im technischen Bereich? Oder erlebst du den beschleunigten Wandel vor allem in der Arbeitswelt und in gesellschaftlichen Zusammenhängen? Wie geht es dir damit? Freust du dich über den raschen Fortschritt oder hast du das Gefühl, mit der aktuellen Geschwindigkeit fast nicht mehr mithalten zu können?

Stimmungslagen stecken an

Ein weiterer Punkt, der zu dieser Ausgangslage hinzu kommt und sie intensiviert: deine (emotionale) Wahrnehmung der Auswirkungen.

Hier treffen zwei Faktoren aufeinander, die sich gegenseitig verstärken. Die zunehmende Beschleunigung, die für tendenziell krisenhaftere Rahmenbedingungen sorgt, ist der eine. Deine gefühlsmäßige Reaktion darauf der andere.

Diese Reaktionen sind von Bedeutung, weil Emotionen und Stimmungslagen „ansteckend“ sind, im positiven wie im negativen Sinn. Diesen Effekt kennst du sicherlich! So kann dich die ausgelassen heitere Stimmung auf einem Fest oder bei einem Konzert förmlich mitreißen. Umgekehrt greift deprimierte, niedergeschlagene oder gereizte Stimmung ebenso um sich. Du fühlst dich beispielsweise selbst irgendwann schlecht, frustriert und genervt, wenn sich in deinem Umfeld alle permanent beschweren und jedes Gespräch in der Teeküche zu einem wahren Auskotzmarathon wird. Treffen diese beiden Faktoren aufeinander – Umstände, die die Krisenstimmung begünstigen, und ein wiederholtes Überspringen der damit einhergehenden Emotionen – verfestigt sich das Negativbild der Gegenwart.

Dein direktes Umfeld ist jedoch nur ein Aspekt, der deine Krisenstimmung verstärken kann. Das Vorherrschen bestimmter Themen und Grundstimmungen lässt sich in zahlreichen weiteren Bereichen beobachten! Das geht bis hinein in den literarischen Sektor. So hat sich beispielsweise in den 1950ern das Genre der postapokalyptischen Literatur herausgebildet, die katastrophenartige und angsteinflößende Szenarien entwirft und damit indirekt den Zeitgeist widerspiegelt.[15] Falls du einwendest, dass du selbst kaum fiktionale Texte liest: Solche „Narrative“ finden sich in zahlreichen Bereichen unseres Lebens, weit über die Literatur hinaus. Einzelne Themen kommen dabei sozusagen „in Mode“ und finden sich verstärkt in unserem Alltag wieder.

Bereits in den 1950ern wurden in der Literatur katastrophenartige und angsteinflößende Szenarien entworfen.

Wie kannst du dir das vorstellen? Der Romanist Prof. Dr. Robert Folger beschreibt die Zusammenhänge folgendermaßen: „Vor dem Hintergrund weltweiter Herausforderungen wie der Corona-Pandemie oder dem Klimawandel haben apokalyptische Erwartungen derzeit Hochkonjunktur. Dabei ist die Prophezeiung vom Ende der Welt ein wiederkehrendes Phänomen, das sich in ganz unterschiedlichen Kulturen und Zeiten zeigt." Und weiter: „Die Apokalypse ist aber nicht nur eine Denkfigur, sondern auch eine grundlegende Erfahrung der Menschheitsgeschichte."[16]

Krisenstimmung und Endzeitprophezeiungen gab es also schon immer. Leider nimmt diese Tatsache ihnen jedoch nichts von ihrem Schrecken. Wie gehst du daher am besten mit derartigen Narrativen um? Helfen kann zum Beispiel das Wissen über die Hintergründe, Mechanismen und Zusammenhänge. Wir haben bereits damit angefangen, diese zu betrachten und zu analysieren.

Dieses Wissen kannst du sofort nutzen! Vielleicht war dir zuvor nicht bewusst, warum du dich nach bestimmten Situationen oder Gesprächen eingeschüchtert, frustriert oder genervt fühlst. Erkennst du jetzt, dass offensichtlich einzelne Stimmungslagen auf dich überspringen, kannst du damit beginnen, diese Muster zu durchbrechen, etwa indem du die Gelegenheiten reduzierst oder dich in den jeweiligen Momenten bewusst mental distanzierst. So grenzt du dich zunehmend effektiv von allgemeiner Panikstimmung und Krisenempfinden ab.

Reflexion:
Wann und wo lässt du dich mit bestimmten Emotionen anstecken? Bist du dir dessen in diesen Momenten bewusst oder ärgerst du dich im Nachhinein, dass du dich in etwas hast hineinziehen lassen? Wie könntest du solche Gelegenheiten reduzieren?

Globalisierung und Krisenempfinden

„Ansteckende“ Emotionen sind ein bedeutender Faktor, wenn es um die Wahrnehmung deiner Situation geht. Besonders relevant wird dieser Effekt in Zeiten, in denen sehr viele Leute in eine vergleichbare Stimmungslage geraten und sich beispielsweise verunsichert, bedroht oder gefährdet führen. Ist dies der Fall, häufen sich die Gelegenheiten, von diesen Emotionen angesteckt zu werden.

Doch warum rutschen überhaupt so viele Menschen in eine Krisenstimmung? In der heutigen Lebensrealität gibt es einige Faktoren, die das bestehende Krisenempfinden verstärken und ausweiten. In dieser Hinsicht sind die Zeiten also durchaus „anders“ und „neu“. Worum es sich bei diesen Faktoren handelt? Darum geht es jetzt! Ein erster und gleichzeitig sehr intensiver: die Globalisierung. Sie hat starke Auswirkungen auf unser Krisen- und Katastrophenempfinden und damit potenziell deine Stimmung. Das liegt unter anderen daran, dass durch die zunehmende globale Vernetzung plötzlich auch Bedrohungen und Gefahren viel „näher“ und dadurch präsenter sind als zuvor.

Die globale Vernetzung trägt dazu bei, dass Bedrohungen und Gefahren plötzlich viel „näher“ sind als zuvor.

Doch was genau steckt eigentlich hinter dieser Entwicklung? Bei der Globalisierung handelt es sich um einen vielzitierten Trend, der – teils zu recht, teils zu unrecht – für vieles verantwortlich gemacht wird und mitunter stark emotional besetzt ist. Wirtschaftlich betrachtet beschreibt Globalisierung „die zunehmende Entstehung weltweiter Märkte für Waren, Kapital und Dienstleistungen sowie die damit verbundene internationale Verflechtung der Volkswirtschaften“.[17] Allerdings lässt sich diese Definition noch viel weiter fassen, denn die Globalisierung erstreckt sich neben der Wirtschaft ebenfalls auf zahlreiche andere Bereiche. Darunter fallen etwa die Umweltpolitik, die Gesundheitspolitik, die Informationstechnologie und die Ethik.[18]

Mittlerweile sind folglich so gut wie alle zentralen Bereiche deines Lebens von der Globalisierung betroffen. Die zunehmende internationale Verflechtung geht mit diversen Vorteilen einher und bietet enorme Chancen. Umgekehrt ist sie jedoch, wie alle großen Entwicklungen, mit Risiken behaftet. Diese wirken umso bedrohlicher, als sie ein beträchtliches Ausmaß annehmen, sollten sie wirklich eintreten. Ein singulärer, örtlich begrenzter Auslöser kann heute einen globalen Effekt haben. Überspitzt ausgedrückt: Ein unglücklicher Unfall am hintersten Winkel der Welt stürzt im Extremfall den kompletten Globus in eine Krise.

Gesundheit – eine zunehmend globale Frage?

Besonders stark von dieser Entwicklung betroffen ist der Gesundheits- und Umweltsektor. Der US-amerikanische Historiker Jerry H. Bentley vertritt sogar die These, dass die zunehmenden internationalen Verflechtungen die Auswirkungen von Umwelt- und Gesundheitskrisen auf einen neuen Level gehoben haben. So waren Bentley zufolge für 70.000 oder sogar noch mehr Jahre Umweltkrisen, die die Stabilität oder das Überleben von ganzen Gesellschaften bedrohten, auf einzelne Regionen beschränkt. Dabei gab es nur einige wenige Ausnahmen, wie die Beulenpest im 14. Jahrhundert oder die Pocken im 16. Jahrhundert. Bei diesen Pandemien handelte es sich um Katastrophen, die einen erheblichen Einschnitt darstellten. Allerdings traten sie in großen zeitlichen Abständen auf und waren somit echte Einzelphänomene.

Die Pandemien des 14. und 16. Jahrhunderts waren Katastrophen, die einen erheblichen Einschnitt darstellten.

Innerhalb der letzten 50 Jahre hingegen traten Umweltprobleme auf, die in ihrer Dimension sogar diese früheren großen Katastrophen in den Schatten stellten. Bentley mutmaßt deshalb, dass Umweltkrisen auf transregionalem und globalem Level die größte allgemeine Bedrohung für die Stabilität und das Überleben der menschlichen Gesellschaft seit dem Ausbruch des Supervulkans Toba darstellten könnten, der vor rund 74.000 Jahren wohl fast die Menschheit ausgelöscht hätte.[19]

Was fängst du mit einer solchen Information an und wie verhinderst du, in Angst und Panik zu verfallen? Was ganz akut hilft: Tief durch- und dabei vor allem ausatmen. Bereits diese kleine Maßnahme kann deinen aktuellen Stresslevel etwas senken und einsetzende Panikgefühle abschwächen. Führe dir anschließend vor Augen, dass es sich bei der Vorhersage um eine Möglichkeit handelt und die Katastrophe bislang nur in deiner Vorstellung existiert. So gewinnst du Distanz und schaffst es leichter, Panik, blindem Aktionismus sowie einem „Jetzt ist eh alles schon zu spät"-Gefühl entgegenzuwirken.

Du siehst nun bereits zum zweiten Mal: Abstand und eine distanzierte Perspektive sind wichtig. Bei einer solchen Distanzierung geht es wohlgemerkt um Abstand statt um Wegschauen. Denn eine komplette Vogel-Strauß-Haltung ist ebenso kontraproduktiv wie eine übermäßige und permanente Beschäftigung mit allem Belastenden. Mehr über den Umgang mit negativen Gedanken erfährst du im Kapitel zu den Stellschrauben.

Kommen wir zurück zur Globalisierung und zu ihren Auswirkungen auf dein Krisenempfinden. Warum hat sich die Globalisierung unter Umständen in den letzten Jahren besonders stark auf deine Wahrnehmung ausgewirkt? Die Tragweite lokaler Ereignisse mit globaler Wirkung ist uns 2019 durch Corona in beängstigender Deutlichkeit vor Augen geführt worden. Diese Erfahrungen haben bei vielen das Gefühl von Sicherheit stark beschädigt. Sicherlich waren viele sich bereits zuvor dessen bewusst, dass es zu globalen Krisen kommen kann. Allerdings war es vor Corona deutlich leichter, sich mit einem „Wird schon nichts passieren“ zu beruhigen, wenn es Krisenmeldungen aus weit entfernten Teilen der Welt gab, oder sich darauf zu verlassen, dass wir im „fortschrittlichen“ und technisch vermeintlich überlegenen Westen größtenteils in Sicherheit seien, zumindest was gesundheitliche Fragen angeht.

Vor Corona war es deutlich leichter, sich selbst mit einem „Wird schon nichts passieren“ zu beruhigen.

Diese Überzeugung ist erheblich ins Wanken geraten. Sie hat zudem Auswirkungen darauf, wie du künftige Ereignisse wahrnimmst und bewertest! Außerdem ist das Gefühl der Sicherheit so stark erschüttert worden, dass es Zeit und wiederholte positive Erfahrungen braucht, um es wieder aufzubauen. Leider tragen die auf Corona folgenden Ereignisse wenig dazu bei, unser Vertrauen in Verlässlichkeit, Beständigkeit und die Sicherheit der bestehenden Strukturen zu verstärken oder wiederherzustellen. Eine gewisse Grundunsicherheit (und damit potenzielle Krisenstimmung) wird somit vermutlich vorerst bestehen bleiben.

Globalisierung und Sicherheitsempfinden

Das gilt umso mehr, als die Globalisierung viel mehr umfasst als „nur“ den Gesundheitsbereich und inzwischen Auswirkungen auf quasi alle zentralen Lebensbereiche hat. Entsprechend hat sich die Dimension möglicher Risiken jeweils erheblich gesteigert und nimmt teilweise überwältigende oder kaum mehr fassbare Formen an.

Welche der einzelnen Felder du persönlich als besonders besorgniserregend empfindest, ist individuell verschieden. Das Ergebnis ist jedoch das gleiche: Fühlst du dich in einem existenziell bedeutsamen Bereich bedroht, setzen Angst, Panik und Katastrophenempfinden ein.

Über Gesundheitskrisen als möglichen Auslöser haben wir bereits gesprochen. Ein zweiter Faktor, der leider wieder stark in den Vordergrund getreten ist: Kriege und gewalttätige Auseinandersetzungen. Wie im Gesundheits- und Umweltsektor erleben wir hier vollkommen neue Dimensionen sowie einschneidende Ereignisse in zunehmend kürzeren Abständen. Durch den technischen Fortschritt rückt die Bedrohung zudem immer näher, buchstäblich wie gefühlt.

Wir erleben vollkommen neue Dimensionen und einschneidende Ereignisse in zunehmend kürzeren Abständen.

Lange vorbei sind die Zeiten, in denen die direkte Bedrohung so weit reichte, wie das Geschoss eines Katapults maximal fliegen konnte. Damals waren bereits einige wenige Kilometer ausreichend, um in relativer Sicherheit zu sein. Ein Abstand von mehreren hunderten oder sogar tausenden Kilometern bot dagegen einen verlässlichen Schutz. Das hat sich grundlegend geändert. Interkontinentalraketen überwinden inzwischen Distanzen von 5.000 bis 15.000 Kilometern.[20] Es besteht somit die realistische Möglichkeit, dass ein lokaler Konflikt sich ausweitet und selbst in weit entfernten, über Ländergrenzen hinweg liegenden Gebieten eine Bedrohung darstellt.

Betrachten wir, wie schnell scheinbar stabile Zustände unerwartet kippen können, ist es absolut nachvollziehbar, wenn du dir angesichts dieser Entwicklungen Sorgen machst. Diese Befürchtungen sind grundsätzlich gerechtfertigt und es wäre naiv, sich in vollkommener Sicherheit zu wähnen. Hier gilt es deshalb, einen sinnvollen

Umgang mit der Situation zu finden, etwa basierend auf einer realistischen Risikoeinschätzung und einer bewussten Selbstregulation. Mehr dazu erfährst du später.

Ein weiteres Beispiel für neuartige Dimensionen und potenzielle globale Risiken stammt aus dem Bereich der Wirtschaft. Die bestehenden internationalen Verflechtungen haben teils zu enormen Abhängigkeiten geführt. Im Extremfall ist die Funktion zentraler Infrastrukturen im Westen von verlässlichen Handelsbeziehungen mit anderen Staaten abhängig. Angefangen von Halbleitern für Computerchips bis hin zu lebenswichtigen Medikamenten wie Antibiotika: Die Verlagerung der Produktionsstandorte in Länder mit günstigeren Produktionsbedingungen hat zu einer massiven Abhängigkeit in zentralen Sektoren geführt. Droht ein Konflikt, ist ein erheblicher Engpass an essenziellen Produkten zu befürchten.

Die ARD-Doku „Im Rachen des Drachen" spielt derartige Szenarien am Beispiel der Handelsbeziehungen mit China durch.[21] Dr. Ulrike Holzgrabe, Professorin für Pharmazeutische und Medizinische Chemie an der Uni Würzburg, kommentiert darin eine der resultierenden Abhängigkeiten lakonisch mit: „Die Chinesen brauchen gar keine Atombombe. Es reicht, wenn sie keine Antibiotika mehr liefern."[22]

Statements wollen wachrütteln und auf gefährliche Schieflagen aufmerksam machen.

Wie gehst du mit solchen Statements um – vor allem dann, wenn du weder Politikerin noch Wirtschaftsboss bist und dein direkter Einfluss auf diese Struktur somit höchst beschränkt ist? Falls dich derartige Aussagen sehr stark beunruhigen, dann führe dir zunächst vor Augen, dass diese Statements zu einem gewissen Grad genau darauf ausgelegt sind. Das heißt, sie wollen wachrütteln und auf gefährliche Schieflagen aufmerksam machen. Das funktioniert am besten, wenn sie dich auf der Gefühlsebene berühren und starke (negative) Emotionen hervorrufen. Als Weckruf und Aufforderung, endlich hinzusehen und gegenzusteuern, sind sie deshalb ideal geeignet und in dieser Funktion auch wichtig. Mach dir diesen Appellcharakter bewusst und versuche, dein Handeln anzupassen.

Wie kann das aussehen? Verfällst du in Panik, ist niemandem geholfen, am wenigsten dir selbst. Du verstärkt so lediglich die bereits vorhandene Angst, Besorgnis und Krisenstimmung. Gelingt es dir dagegen, deinen Stresslevel zu senken, kannst du die Problematik wieder zielgerichteter angehen, etwa, indem du dir überlegst, was in deinem Einflussbereich liegt und wie du in kleinem Rahmen etwas beeinflussen kannst.

Mir ist bewusst, dass bei den meisten dieser direkte Einflussbereich eher gering ausfallen wird. Dann beteilige dich zumindest am öffentlichen Diskurs, unterstütze die Bemühungen, wieder mehr lokal zu produzieren, engagiere dich in Verbänden und Vereinen etc. Falls dir das Engagement im Kleinen dennoch sinnlos erscheint, dann führe dir vor Augen, dass es in der Vergangenheit wiederholt gelungen ist, scheinbar aussichtlose und politisch komplett verfahrene Situationen doch wieder in Bahnen zu lenken, die eine Katastrophe abgewendet haben. Das war nicht immer der Fall, aber solche Beispiele gibt es durchaus. Warum sollte das plötzlich überhaupt nicht mehr der Fall sein?

Schaffe mit Gegenbildern und positiven Vorstellungen einen Ausgleich zu den Schreckensszenarien.

Mit solchen Gegenbildern und positiven Vorstellungen schaffst du einen Ausgleich zu den Schreckensszenarien. Informiere dich beispielsweise darüber, welche Anstrengungen bereits unternommen werden, um bestimmte Problematiken zu lösen oder sie zumindest in den Griff zu bekommen. Diese existieren[23], auch wenn sie in den Medien weniger präsent sind – „Nur schlechte Nachrichten sind gute Nachrichten“ lässt grüßen!

Mit einem differenzierten Blick gelingt es dir, dich von übertriebener Panikmache abzugrenzen, Risiken realistischer einzuschätzen und vor allem auch zu sehen, dass neben allem Gegeneinander und allen Konflikten nach wie vor Menschen um konstruktive Lösungen bemüht sind und versuchen, diese voranzutreiben. So präsentiert sich dir die Aussicht auf die Zukunft zumindest in verschiedenen Grauschattierungen mit einzelnen Hoffnungsschimmern anstatt als komplett düster mit den finstersten vorstellbaren Aussichten.

Übung: Globalisierung – Risiken und Chancen

Was fällt dir als Erstes ein, wenn du den Begriff „Globalisierung" hörst? Welche Bereiche deines Lebens sind besonders davon betroffen? Und wo sind die Auswirkungen aus deiner Sicht besonders weitreichend? Erstelle deine persönliche Liste und gliedere sie in zwei Spalten. In der linken notierst du die bedrohlichen Auswirkungen, in der rechten die angenehmen, positiven Folgen. Gehe anschließend deine Liste Punkt für Punkt durch. Welche körperlichen und emotionalen Reaktionen stellen sich jeweils ein? Welche davon sind besonders stark? Welche der beiden Listen ist länger – die positive oder die negative?

Diese Übung hilft dir, besser einzuschätzen, was dich, vielleicht auch unbewusst, besonders umtreibt. Am Umgang mit diesen Punkten kannst du arbeiten. Impulse dazu bekommst du in den nächsten Kapiteln. Ein erster Ansatzpunkt bereits hier: Nutze die angenehmen Reaktionen auf die positiven Entwicklungen! Verwende sie beispielsweise, um gezielt Gegenbilder zu schaffen und darüber deine Stimmung zu beeinflussen. Deine Imagination, also (innere) Bilder und Vorstellungen, ist ein machtvolles Hilfsmittel, um deine Stimmung zu verändern. Das funktioniert mitunter innerhalb von Sekunden!

Warum uns das Unbekannte schreckt

Fassen wir zusammen: Du hast mit der grundsätzlichen Beschleunigung, den „ansteckenden" Stimmungen sowie den Auswirkungen der Globalisierung in zentralen Lebensbereichen drei Faktoren kennengelernt, die ein allgemeines Krisenempfinden auslösen, intensivieren und aufrechterhalten können. Was trägt darüber hinaus dazu bei?

Auch der nächste Punkt auf unserer Liste an Krisenverstärkern ist indirekt mit der großen Beschleunigung verbunden. Denn diese hat neben der Erhöhung der Geschwindigkeit und der Vergrößerung der Dimensionen noch einen dritten Effekt: Da sich die Dinge so schnell und umfangreich verändern, werden wir ständig mit Neuem und damit Unbekanntem konfrontiert.

Da sich die Dinge schnell und umfangreich verändern, werden wir ständig mit Neuem und damit Unbekanntem konfrontiert.

Tempo und Ausmaß dieser Entwicklung sind wirklich beeindruckend. Manchmal scheint es, als würde das, was wir vor 20 bis 30 Jahren aus Science-Fiction-Romanen kannten, heute Realität. Denke dabei zurück an die Zeit um die Jahrtausendwende. Die wenigsten von uns hätten damals wohl damit gerechnet, dass es nur rund 20 Jahre später vollkommen normal sein würde, mit Haushaltsgeräten zu sprechen und die Lautstärke der Stereoanlage von einer Dame namens Alexa steuern zu lassen ... Angesichts dieses rasanten Fortschritts erlebst du permanent Neues, musst dich mit Unbekanntem auseinandersetzen und bist mit Entwicklungen konfrontiert, deren Folgen noch nicht absehbar sind. Das ist höchst spannend und bietet enorme Chancen.

Gleichzeitig kann diese Entwicklung Angst, Besorgnis und Unsicherheit hervorrufen. Das ist vor allem in denjenigen Bereichen der Fall, denen du ohnehin skeptisch gegenüberstehst oder bei denen du befürchtest, dass die Entwicklungen negative Konsequenzen haben könnten.

Worum es sich im Detail handelt, ist individuell verschieden. Die dahinterstehenden Mechanismen sind allerdings die gleichen. Gelingt es dir, sie zu identifizieren, erkennst du, warum dir eine Entwicklung Angst bereitet oder ein Krisengefühl bei dir erzeugt. Auf dieser Basis lässt sich gegensteuern und gezielt die Krisenstimmung abbauen!

Gelingt es dir, die dahinterstehenden Mechanismen zu identifizieren, erkennst du, warum dir eine Entwicklung Angst bereitet.

Doch warum beunruhigt uns das Neue und Unbekannte so stark? Und was trägt besonders dazu bei? Vielleicht bieten dir einige der vorgestellten Ansätze eine Erklärung, warum du auf bestimmte Erfahrungen so intensiv reagierst. Unter Umständen handelt es sich dabei um Dinge, bei denen du dir schon wiederholt überlegt hast „Warum regt mich das eigentlich so sehr auf?", aber bislang auf keine Antwort gekommen bist.

Was bringt uns in den Krisenmodus?

Was trägt also dazu bei, dass dein System in den Krisenmodus schaltet und die entsprechenden Emotionen hervorruft? Ganz an oberster Stelle stehen Impulse, die in deinem Gehirn das Signal „Gefahr" auslösen und dadurch eine Kaskade an Reaktionen in Gang setzen, die beispielsweise zu Kampf- oder Fluchtimpulsen führen. Diese Impulse gehen stets mit spezifischen (unangenehmen) Emotionen und körperlichen Empfindungen einher.

Du könntest also buchstäblich fast kotzen, fühlst dich schwach, spürst ein leichtes Schwindelgefühl oder merkst, wie sich dein ganzer Körper verkrampft. Starke Stressreaktionen erlebst du immer auf beiden Ebenen, der physischen wie der psychischen. Selbst wenn der Auslöser „nur“ durch deine Gedanken erfolgte, zeigt sich die darauffolgende Reaktion ebenso im Körper und wird dadurch noch „realer“. Klassischen Auslösern für solche Reaktionen wollen wir jetzt genauer nachgehen.

Unsicherheit

Unsicherheit oder vielmehr die Angst vor dem Unbekannten ist ein Phänomen, das schon seit Langem die Menschen beschäftigt. Dies übrigens weit über die Wissenschaft hinaus!

So hielt der US-amerikanische Autor H. P. Lovecraft bereits im Jahr 1927 die Angst vor dem Unbekannten für die älteste und stärkste Emotion der Menschheit.[24] Wissenschaftlich betrachtet lässt sich seine These so absolut nicht halten.[25] Dennoch ist es zweifellos der Fall, dass die Angst vor dem Unbekannten bei vielen Menschen auftritt und sehr starke Formen bis hin zu Angststörungen annehmen kann.[26]

Die Angst vor dem Unbekannten tritt bei vielen auf und kann bis hin zu Angststörungen reichen.

Doch warum fürchten wir uns so sehr vor dem Unbekannten? Zentral ist sicherlich der Aspekt, dass wir nicht wissen, was uns erwartet. Das hat mehrere Folgen: Du bist innerlich angespannt und auf der Hut, da du stets damit rechnen musst, dass in jedem Moment etwas Schlimmes geschieht. Allerdings weißt du weder, wann dieses Ereignis eintritt, noch aus welcher Richtung es kommt und welche Gestalt es annimmt. Diese Ausgangslage erlaubt dir kaum Atempausen, weil du dich weder ausreichend vorbereiten noch in deiner Wachsamkeit nachlassen kannst, denn es könnte ja jederzeit aus jeder Richtung etwas Furchtbares drohen. Dieser Zustand löst selbst dann, wenn er nur unbewusst abläuft, Stress und damit Anspannung, Unwohlsein und Besorgnis aus.

KATASTROPHENDENKEN ALS KRISENVERSTÄRKER

Vielleicht kennst du dieses Phänomen: Bist du im Stress, fallen dir plötzlich zahlreiche mögliche Katastrophen und Horrorszenarien ein, die eintreten können. Diese Tendenz verstärkt den Stress erheblich!

Allerdings ist sie in den Strukturen deines Gehirns angelegt. Wenn du stark gestresst bist oder Angst hast, neigst du dazu, die Dinge zu katastrophisieren und dir bei allem den Worst Case auszumalen. Häufig übertrifft das, was in deiner Vorstellung geschieht, das, was schlussendlich passiert, bei Weitem. Die imaginären Folgen haben dennoch eine spürbare Wirkung.

Prägnant auf den Punkt bringt das folgendes Zitat, das dem US-amerikanischen Autor Mark Twain zugeschrieben wird: „Ich habe die meiste Zeit meines Lebens damit verbracht, mir Sorgen über Dinge zu machen, die niemals passiert sind." Versuche daher, in Stressphasen immer wieder Abstand zu gewinnen und zu überprüfen, ob das, was in deinen Gedanken gerade abläuft, wahrscheinlich ist oder ob es sich um ein Produkt deiner auf Katastrophe ausgerichteten Fantasie handelt. Erkennst du, dass du auf die falsche „Tonspur" geraten bist, kannst du gegensteuern und dein Krisenempfinden dadurch verringern. Mehr dazu bei den Stellschrauben!

Ein Themenfeld, das sehr viele Menschen beschäftigt und besorgt, ist die KI, die künstliche Intelligenz.[27] Die Entwicklungen in diesem Bereich sind rasant vorangeschritten und manches von dem, was heute möglich ist, kannten wir früher nur aus Science-Fiction-Filmen. Entsprechend werden leicht Erinnerungen daran wach, was in den entsprechenden fiktiven Szenen geschah, etwa wenn Computer die Herrschaft übernahmen oder Cyborgs die „echten" Menschen bedrohten. Diese Szenarien sind glücklicherweise sehr, sehr weit weg von dem, was momentan möglich ist – und damit höchst unwahrscheinlich.

Deutlich realer ist dagegen die Möglichkeit, dass sich dein Arbeitsumfeld stark verändert und unter Umständen sogar Jobs bedroht sind. Ebenso ist es bereits vorgekommen, dass technische Probleme und fehlerhafte Algorithmen die Börsen sowie andere zentrale Systeme durcheinandergebracht haben.[28] Außerdem zeigt sich zunehmend, dass eine KI nicht unbedingt neutral und objektiv agiert, sondern ihre „Entscheidungen" vielmehr davon abhängen, mit welchen Daten sie zuvor „gefüttert" wurde. So lassen sich sogar bestimmte Wertesysteme und Vorurteile übertragen![29] Ein grundsätzliches Potenzial für Manipulation und schädlichen Gebrauch ist daher vorhanden. Deshalb ist eine gewisse Besorgnis nachvollziehbar und eine konstruktiv-kritische Haltung sogar von Vorteil.

Eine KI ist nicht unbedingt neutral und objektiv. Ihre „Entscheidungen" hängen davon ab, mit welchen Daten sie zuvor „gefüttert" wurde.Problematisch wird es jedoch, wenn sich statt dieser kritisch-überlegten Haltung eine diffuse Angst und das Gefühl einer nicht greifbaren Bedrohung einstellen. Was in solchen Fällen helfen kann: Beschäftige dich intensiver damit, was die KI tatsächlich zu leisten imstande ist und welche Anstrengungen es aktuell bereits gibt, entsprechende Sicherungen einzubauen. So erkennst du, dass einzelne Ängste zum jetzigen Stand völlig unbegründet sind, etwa die Vorstellung, die bestehenden Systeme könnten plötzlich ein Eigenleben entwickeln und wie menschliche Persönlichkeiten autonom agieren.

Reflexion:
Kennst du selbst die Angst vor dem Unbekannten? Welche Themen sind bei dir besonders präsent? Wenn sie auftreten: (Wie) gelingt es dir, sie in Schach zu halten und was hilft dir dabei? Schaffst du es, dir in Gedanken Szenarien auszumalen, in denen die Lage gut ausgeht, oder siehst du nur das Bedrohliche?

Kontrollverlust

Ein zweiter Punkt, der das Krisenempfinden schürt, ist eng mit der Angst vor dem Unbekannten verbunden. Es handelt sich dabei um das Gefühl von Kontrollverlust oder die Angst davor. Ein einfaches Beispiel: Obwohl wir wissen, dass rein statistisch betrachtet ein Autounfall weitaus wahrscheinlicher ist als ein Flugzeugabsturz, fürchten sich viele Menschen mehr davor, in ein Flugzeug einzusteigen als in ein Auto. Das Gefühl, selbst am Steuer zu sitzen und (scheinbar) die Kontrolle zu haben, gibt ein Gefühl der Sicherheit.

Kontrolle vermittelt letztendlich nur die Illusion von Sicherheit.

Umgekehrt führt die Vorstellung, Kontrolle abgeben zu müssen, bei Flugangst dazu, dass wir das Risiko eines Absturzes höher einschätzen.[30] Letztendlich vermittelt Kontrolle jedoch nur die Illusion von Sicherheit. Trotzdem halten wir, mitunter wider besseres Wissen, an dieser Illusion fest und glauben, wir müssten nur die Zügel fest genug in der Hand behalten, um Schlimmes zu verhindern.

In einigen Fällen können wir die Dinge tatsächlich noch in andere Bahnen lenken. Dennoch bietet Kontrolle keinen ultimativen Schutz vor Bedrohungen. In der Realität ist sie ohnehin nur zu einem gewissen Grad erreichbar. Dein Alltag konfrontiert dich ständig mit neuen Herausforderungen und Entwicklungen. Unsicherheit, unvorhersehbare Planänderungen und Wendungen, die außerhalb deiner Macht liegen, gehören, so banal das klingt, zum Leben dazu. Versuchst du, entgegen dieser Tatsache, alles zu planen und zu kontrollieren, ist dein Vorhaben von Beginn an zum Scheitern verurteilt. Es werden immer wieder Dinge eintreten, die nicht vorhersehbar oder geplant waren.

Der Schlüssel liegt deshalb weniger darin, alles so verbissen wie möglich kontrollieren zu wollen, als flexibel darauf zu reagieren. Anstatt krampfhaft zu versuchen, alles unter Kontrolle zu behalten, ist es effektiver, im entscheidenden Moment die sich bietenden Handlungsoptionen zu erkennen und so Neuem zu begegnen.[31] Ebenso hilft folgende Perspektive: Erkennst du, dass es sich beim (gefühlten) Kontrollverlust keineswegs um ein Versagen oder Scheitern deinerseits, sondern um den normalen Lauf der Dinge handelt, trägt das zu deiner Beruhigung bei.

Was kannst du darüber hinaus tun? Rufe dir in Momenten, in denen dich Neues und außerhalb deiner Kontrolle Liegendes beunruhigt, vergleichbare frühere Situationen ins Gedächtnis, die gut ausgegangen sind, selbst wenn du damals die Kontrolle abgeben und darauf vertrauen musstest, dass sich die Dinge fügen werden. Führe dir auf diese Weise vor Augen, dass es nicht zwangsläufig in einer Katastrophe endet, wenn du einmal nicht alles in der Hand hast.

Zusätzlich stärken dich Gedanken wie: Was hat dir damals geholfen? Was hat sich bewährt? Greife auf bekannte Strategien und bewährte Ressourcen zurück. Dieses Anknüpfen an Bekanntes und Bewährtes schafft Sicherheit und spart Energie, da du die Strategien nicht erst lernen musst, sondern sofort einsetzen kannst. Fokussierst du dich zudem darauf, was in deinem Einflussbereich liegt, gewinnst du Handlungsfähigkeit zurück.

Reflexion:
Wie wichtig ist es für dich, (gefühlt) alles unter Kontrolle zu haben? Wo fällt es dir besonders schwer, Kontrolle abzugeben? Was bräuchtest du, um leichter loslassen zu können? Was macht dir bei dem Gedanken, von anderen Menschen oder den äußeren Umständen abhängig zu sein, am meisten Angst? Sind diese Szenarien realistisch oder konstruiert deine Fantasie den schlimmsten vorstellbaren Fall?

Ohnmacht und Handlungsunfähigkeit

Krisenempfinden, Angst und das Gefühl der Handlungsunfähigkeit oder Ohnmacht sind eng miteinander verbunden. Ebenso ist der Zusammenhang zu den vorherigen Faktoren, die wir bereits betrachtet haben, also Kontrollverlust und der Angst vor dem Unbekannten, offensichtlich: Ohnmacht und Handlungsunfähigkeit treten vor allem dann ein, wenn du dich in einer unüberschaubaren Situation befindest oder die Dimensionen das übersteigen, was du selbst beeinflussen oder steuern kannst.

Ohnmacht und Handlungsunfähigkeit treten dann ein, wenn deine Situation unüberschaubar ist.

Geraten wir in einen Zustand der subjektiven Ohnmacht, handelt sich das für viele um eine Situation, die noch schwerer zu ertragen ist als großer Stress. Solange wir etwas tun können – und sei es Kampf oder Flucht –, sind wir aktiv und damit in Bewegung und handelnd. Aus gutem Grund wird Ohnmacht dagegen häufig als „lähmend“ beschrieben. Sie fühlt sich mitunter tatsächlich so an, als könntest du dich kaum mehr bewegen oder wärst wie in einer Falle gefangen.

Diese Erfahrung geht mit starken Emotionen einher. Dabei werden sehr alte Strukturen deines Gehirns aktiviert. Das verläuft, vereinfach dargestellt, folgendermaßen: Nimmst du eine Situation als bedrohlich wahr, setzt in deinem Gehirn eine Art archaisches Notfallprogramm ein. Dein Gehirn entscheidet blitzschnell, ob eine Situation gefährlich oder sogar lebensbedrohlich ist. Je nachdem, wie diese Einschätzung ausfällt, setzt dein Gehirn eine Kaskade an Reaktionen in Gang. Das ist grundsätzlich ein großer Vorteil: Müsstest du in gefährlichen Situationen jedes Mal langwierig darüber nachdenken, was zu tun ist, wäre es oftmals zu spät.

Das Schwierige daran: Dein Gehirn scannt die eingehenden Informationen, gleicht sie mit vorherigen Erfahrungen ab und löst bei der Einordnung als „bedrohlich" eine Stressreaktion oder starke Aktivierung aus. Das geht so schnell, dass du gar nicht dazu kommst, darüber nachzudenken, ob diese Reaktion angemessen ist, ob also tatsächlich eine Gefahr besteht. Durch diesen Mechanismus löst dein Gehirn teilweise das Notfallprogramm aus, obwohl es sich eigentlich um einen Fehlalarm handelt, also objektiv gesehen keine Gefahr besteht. Diesen Prozess kannst du trotzdem nur schwer stoppen, da die ablaufenden Reaktionen deine Fähigkeit hemmen, strukturiert zu denken. Du verfällst somit in Angst, Hektik oder sogar Panik, obwohl objektiv kein Grund dafür besteht.

Ohnmacht und Handlungsunfähigkeit treten ein, wenn deine Situation unüberschaubar und überwältigend ist.

Angst und strukturiertes Denken

Was passiert in deinem Gehirn, wenn du eine (scheinbare) Bedrohung wahrnimmst? Der Neurobiologe Prof. Dr. rer. nat. Gerhard Hüther, einer der führenden Experten auf diesem Gebiet, beschreibt die Abläufe wie folgt: Die Angstreaktion setzt im Frontallappen des Gehirns ein. Das ist der Teil, der unter anderem für Bewertungen und strukturiertes Denken zuständig ist. Bei Angst kommt es zunächst zu einer unspezifischen Erregung. Sie kann sich bis zu einem sogenannten Hyperarousal, einer Übererregung, steigern. Diese Reaktion hemmt strukturiertes Denken, du verlierst deinen „kühlen Kopf". Wie kommt es dazu, dass zielgerichtetes Denken dann schwer bis unmöglich ist?

Hat ein Hyperarousal eingesetzt, ist gegebenenfalls keines der neuralen Netzwerke im Frontalhirn mehr aktivierbar, die für „vernünftiges", strukturiertes und zielgerichtetes Handeln zuständig sind.[32] Stattdessen agierst du aus einem Notfall- oder Krisenprogramm heraus. Dabei übernimmt der Hirnstamm, der älteste Teil deines Gehirns, die Führung. Steuert er dein Verhalten, verbleiben drei Handlungsoptionen: Angriff, Flucht oder, wenn beides nicht möglich ist, ohnmächtige Erstarrung. Diese Zustände gehen mit spezifischen, oftmals intensiven körperlichen und psychischen Reaktionen einher. Schon allein deshalb versuchen wir instinktiv, sie zu vermeiden! Insbesondere die Erstarrung kann extrem unangenehm sein. Du fühlst dich wie gefangen und bist im wahrsten Sinne des Wortes machtlos oder hilflos.

Bei einem Hyperarousal sind strukturiertes und zielgerichtetes Denken und Handeln schwer.

Körperlich ist dieser Zustand so, als würde dein System totales Vollgas geben und parallel dazu eine heftige Vollbremsung ausführen. Diese Gleichzeitigkeit entsteht, weil du einerseits vollgepumpt mit Adrenalin bist, andererseits der Nervus vagus als Teil des parasympathischen Nervensystems zu feuern beginnt. In der Psychotherapie beobachtet man diesen Effekt vor allem bei Opfern von Gewalt. Sie können noch denken, beobachten, wahrnehmen und fühlen, sind gleichzeitig aber wie gelähmt und damit beispielsweise unfähig zu schreien oder sich zu verteidigen.[33]

Glücklicherweise kommt es im Alltag eher selten zu solch starken Erstarrungs- oder Freeze-Reaktionen. Öfter treten dagegen die Vorstufen der Freeze-Reaktion auf, also eine Sympathikus-Aktivierung mit einem Kampf- oder Fluchtimpuls. Achtung: Diese Tendenzen zeigen sich bei jedem Menschen etwas anders und sind von der jeweiligen Situation abhängig.

Es ist beispielsweise möglich, dass du am liebsten schreiend den Raum verlassen würdest oder deinem Gegenüber eine ordentliche Ohrfeige verpassen möchtest. Alternativ dazu fühlst du dich „nur“ verärgert und gereizt oder befindest dich in einer ängstlich-besorgten Grundstimmung und möchtest nur noch raus aus allem. Körperliche und mentale Reaktionen gehen dabei Hand in Hand. In einer Bedrohungssituation reagiert stets beides, dein physisches wie dein psychisches System, und löst neben den klassischen Stresssymptomen wie Schwitzen, Herzrasen und Kurzatmigkeit Emotionen wie Angst, Wut, Ärger, Traurigkeit, Einsamkeit oder Verlassenheit aus.

In einer Bedrohungssituation reagiert sowohl dein physisches als auch dein psychisches System.

Diese Reaktionen und Empfindungen bestimmen einerseits den Moment und leiten andererseits indirekt dein zukünftiges Handeln. Denn derartige Erlebnisse werden in deinem Gehirn registriert und als „Schablone“ für etwas abgespeichert, das du zukünftig vermeiden möchtest. Solche Filter werden später wieder herangezogen, wenn es um die Bewertung neuer Informationen geht: Trifft eine Information in deinem Gehirn ein, findet ein automatischer Abgleich mit dem statt, was bereits im „Speicher“ vorhanden ist und wird entsprechend eingeordnet.

Bei dieser Bewertung werden zwei Systeme aktiv, der Verstand und das emotionale Erfahrungsgedächtnis. Bis der Verstand aktiv wird, dauert es allerdings eine Weile. Weitaus schneller ist dagegen das emotionale Erfahrungsgedächtnis. Musst du eine Entscheidung treffen, ruft dein Gehirn innerhalb von nur 200 Millisekunden passende Erfahrungen ab und nimmt auf dieser Basis eine Bewertung vor. Diese Bewertung erzeugt automatisch Körpersignale in Form diffuser Gefühle.[34] Bei schlechten Erinnerungen sind das beispielsweise Übelkeit, ein verkrampfter Magen, Enge in der Brust oder Spannungen im Nackenbereich. Da diese Reaktionen sehr rasch eintreten, lenken sie dein Verhalten tendenziell in eine bestimmte Richtung.

Achtung: Derartige Phänomene können selbst nach Jahren noch auftreten. Dieses Wissen ist von großer Bedeutung. Denn liegen die Ereignisse sehr lange zurück, ist es schwierig, den Zusammenhang zwischen individuellen Reaktionen und biografischen Erlebnissen herzustellen. Je schneller die wahren Ursachen erkannt werden, desto rascher kann Unterstützung erfolgen. Relevant wurde diese Thematik beispielsweise während der Covid-19-Pandemie. Rückblickend zeigt sich, dass die Eindrücke von Lockdown, Isolation und gefühltem Eingesperrtsein bei einer Reihe von älteren Menschen Kriegstraumata reaktiviert haben, die ihnen in den Jahren davor keine oder kaum Beschwerden bereitet hatten.[35]

Lockdowns, Isolation und gefühltes Eingesperrtsein können bei älteren Menschen Kriegstraumata reaktivieren.

Glücklicherweise lässt sich selbst für solche Zustände ein Umgang finden. Ab einem gewissen Grad der Belastung ist jedoch ein Arzt oder Therapeut gefragt. Was unabhängig davon sinnvoll ist: Den eigenen Stresslevel zu reduzieren und für ein stabiles Umfeld zu sorgen, das es dir erlaubt, dich regelmäßig zu regenerieren und aus Erregungszuständen hinauszufinden. Das ist in turbulenten Lebensphasen mitunter schwierig, aber durchaus möglich. Tipps zur konkreten Ausgestaltung erhältst du im weiteren Verlauf dieses Buches.

Reflexion:
In welchen Situationen fühlst du dich besonders ohnmächtig, hilflos und in die Ecke gedrängt? Wie ist deine Reaktion auf diese Zustände? Kommt es eher zu Kampf- bzw. Fluchtimpulsen oder fühlst du dich wie gelähmt? Welche Strategien hast du bereits, um mit solchen Zuständen umzugehen?

Was die Krisenstimmung intensiviert

Du hast mit der Angst vor dem Unbekannten, dem gefühlten Kontrollverlust und dem Gefühl der Ohnmacht drei Aspekte kennengelernt, die deine Krisenstimmung verstärken. Zudem haben wir über die gesellschaftlichen Rahmenbedingungen gesprochen, die Umstände schaffen, in denen solche Reaktionen leichter und schneller auftreten als früher. Was dabei bereits am Rande immer wieder anklang: der Wegfall gewohnter Sicherheiten.

Dazu zählt ebenfalls das Vertrauen in die Verlässlichkeit und Handlungsfähigkeit des Staates sowie in die Stabilität institutioneller Strukturen. Diese Sicherheiten sind ins Wanken geraten. Einmal mehr wirkte die Covid-19-Pandemie als Verstärker, der bestehende Tendenzen intensivierte und auf einen neuen Level hob. Mit der Verunsicherung und Sorge bezüglich unserer Gesundheitsversorgung und der Bedrohung durch neue pandemische Erkrankungen haben wir uns bereits beschäftigt. Doch warum ist das Vertrauen in staatliche Strukturen ebenfalls so stark betroffen?

Die Covid-19-Pandemie wirkte als Verstärker für bestehende Tendenzen und hob sie auf einen neuen Level.

Die Überlegungen des Soziologen und Nachhaltigkeitswissenschaftlers Prof. Dr. Ortwin Renn geben dir einen ersten Anhaltspunkt. Ortwin Renn geht davon aus, dass sozusagen zwei Entwicklungen gleichzeitig abliefen: Einerseits erleben wir großen und schnellen Fortschritt mit vielem Neuartigen. Andererseits wurden parallel dazu große Anstrengungen unternommen, die Folgen dieses Fortschritts vorherzusagen, sie zu kontrollieren und negativen Effekten vorzubeugen oder sie abzumildern. Das erzeugte die Illusion, wir hätten die Zukunft größtenteils im Griff und wären in der Lage, Künftiges zu steuern. Zudem entstand die Erwartungshaltung, es sei die Aufgabe der Gesellschaft, sich darum zu kümmern, dass wir von negativen Folgen verschont bleiben.

Ortwin Renn beschreibt diesen Zustand so: „Die Aufgabe, negative Folgen menschlichen Tuns vorherzusagen und letztendlich zu vermeiden, gründet sich auf das gemeinsame Verständnis, dass zukünftige Ereignisse keine unvermeidbaren Gegebenheiten sind, die durch Gott, die Natur oder das Schicksal bewirkt werden, sondern dass Sozialsysteme die intellektuelle Fähigkeit und moralische Verpflichtung haben, die Zukunft zu gestalten und ihre Mitglieder vor möglichem Unheil zu bewahren.“[36]

Vor allem durch Corona wurde sehr vieles infrage gestellt, was wir zuvor als sicher annahmen.

Sicherlich war diese Überzeugung individuell unterschiedlich stark ausgeprägt. Als Grundstimmung schwang sie aber vermutlich bei vielen mit. Infolgedessen führten die Erlebnisse der späten 2010er und frühen 2020er zu einem deutlichen Einschnitt. Vor allem durch Corona wurde sehr vieles auf den Kopf gestellt, was wir zuvor als sicher annahmen. In ihrem Praxisbuch zur Corona-Krise bringt Dr. Luise Reddemann, Pionierin der Traumatherapie, die Umstände treffend auf den Punkt: „Auch vor Corona war es nicht immer leicht, aber wir gingen davon aus, dass doch das meiste berechen- und beherrschbar sei. […] Vielleicht gab es manchmal kleine Unsicherheiten, vielleicht sogar Ängste, aber das alltägliche Leben schien ja doch greifbar und vor allem beeinflussbar. Im weiteren Verlauf der Pandemie wurden wir immer unsicherer und wurden mit Erfahrungen konfrontiert, die wir uns kaum vorstellen können.“[37]

Mit diesen Erlebnissen müssen wir zunächst fertig werden und es braucht Zeit, um verlorenes Vertrauen wieder aufzubauen. 2023, also nach dem Ende der Pandemie, erreichte das Vertrauen in die Handlungsfähigkeit des Staates einen Tiefpunkt: Fast 70 % der Befragten hielten den Staat für überfordert.[38] Inwieweit sich das Vertrauen in die Verlässlichkeit des Staates wieder einstellt, muss die Zukunft zeigen. Angesichts der politischen Gesamtlage in den Post-Corona-Jahren zeichnet sich allerdings eher eine weitere Zunahme der Skepsis als eine Konsolidierung ab. Es liegt auf der Hand, dass diese Krisenempfinden, Besorgnis und Ängste verstärkt.

WIE WIR RISIKEN EINSCHÄTZEN

Der US-amerikanischer Psychologe Prof. Dr. Paul Slovic stellte bei seinen Untersuchungen fest, dass die Einschätzung von Risiken durch Laien und Experten stark voneinander abweicht. Die Einschätzung der Experten beruhte dabei auf messbaren Überlegungen, die Bewertungen der Laien waren dagegen stark emotional gefärbt.

Ausschlaggebend für die emotionale Färbung waren vor allem zwei Faktoren: die Schrecklichkeit des Risikos und die Unbekanntheit. Vielleicht kommt dir der zweite Aspekt bereits bekannt vor! Zudem wichtig sind zwei Dinge: Bei der Schrecklichkeit geht es um den subjektiven Eindruck, er kann individuell verschieden ausfallen.

Übersteigt das Maß des Schreckens dagegen das, was für uns fassbar ist, beispielsweise, weil wir von den Zahlen möglicher Toter überwältigt werden, tritt eine Art Abstumpfung ein, die uns gleichgültig werden lässt.[39]

Wie können dir die Überlegungen von Paul Slovic sowie darauf aufbauende Modelle helfen? Spürst du, dass deine Emotionen beginnen, dich zu überfluten oder in einen Abwärtsstrudel zu ziehen, hilft die Einsicht, dass du in diesem Moment möglicherweise eine stark emotional gefärbte Risikobewertung vornimmst. Dieses Wissen ermöglicht dir eine Distanzierung.

Ist die Spirale bereits so weit in Gang, dass strukturiertes Denken nur schwer möglich ist, helfen Techniken zum Stressabbau, bevor du mit kognitiven Ansätzen weitermachst!

Reflexion:
Wie sind deine Reaktionen auf den Wegfall früherer Sicherheiten? Wie stark nimmst du sie wahr? Fühlst du dich insgesamt noch ausreichend unterstützt und sicher oder hast du das Gefühl, zunehmend auf dich allein gestellt zu sein? Welche Gedanken und Emotionen löst diese Situation in dir aus – und mit welchen körperlichen Empfindungen geht sie einher? Hilft es dir, dir positive Gegenbilder auszumalen, um die Wirkung abzuschwächen? Wenn ja, dann erlebst du hier erneut die enorme Kraft von Visualisierung. Nutze sie!

Konzentration auf das Beeinflussbare

Fassen wir zum Abschluss unserer ersten Reiseetappe die wichtigsten Punkte zusammen. Wie gestaltet sich die Gesamtlage und was macht sie im Detail aus? Fest steht: Wir leben in keiner komplett neuen, aber einer stark beschleunigten Zeit. Zudem lässt sich festhalten:

- Die Vielzahl der Ereignisse fordert uns erheblich. Das ist in objektiver Hinsicht der Fall – es gibt tatsächlich viele Krisen und Probleme –, aber noch mehr auf emotionaler Ebene. In immer kürzeren Abständen werden wir mit neuen Entwicklungen und Ereignissen konfrontiert, deren Folgen wir nicht abschätzen können. Das Ergebnis: Wir fühlen uns hilflos, ohnmächtig und überfordert. Dieser Zustand befördert den Krisenmodus.
- In den letzten Jahren ist das Vertrauen in den Staat, staatliche Institutionen und andere Sicherungsnetze stark zurückgegangen. Diese Entwicklung hat zur Folge, dass sich viele noch schutzloser und damit bedrohter, gestresster und alleingelassener fühlen.
- Empfindungen wie Ohnmacht, Überforderung, Bedrohung und permanenter Druck hinterlassen ihre Spuren. Je länger diese Zustände andauern, desto deutlicher sind die Symptome. Sie äußern sich beispielsweise in einer gereizten oder ängstlichen Grundstimmung. Begleitet werden diese emotionalen Zustände mit spezifischen körperlichen Reaktionen. Es ist durchaus möglich, dass etwa dein Magen ebenfalls darauf reagiert und du buchstäblich das Kotzen kriegen könntest oder dass dir die Umstände in Form von Verspannungen im Nacken sitzen.
- Wir wissen nicht, was die Zukunft bringt. Bislang zeichnet sich keine dauerhafte Beruhigung der Gesamtlage ab. Dieses „noch länger, noch mehr, noch intensiver" befeuert bestehendes Krisenempfinden und „Ich will da nur noch raus"-Gedanken.

Wie gehst du am besten mit dieser Lage um? Neutral und mit einer gewissen Distanz betrachtet bietet sich eine schwierige, aber keineswegs ausweglose Situation.

In einem Auftritt in der Sendung „Mitternachtsspitzen“ aus dem Jahr 2020 zeigt der Comedian Hagen Rether pointiert eine Alternativperspektive auf, die einerseits amüsiert, andererseits zum Nachdenken anregt. Unter der Überschrift „Ändert sich doch nichts ...“ erinnert er auf geistreich-spitzfindige Art, wie Deutschland innerhalb von nur drei Generation vom „singulären, ultimativen Alptraum der Menschheit“ zu einem der beliebtesten Länder der Welt wurde und wir daher eigentlich „den ganzen Tag nur durchgrinsen müssten“.[40] Ganz klar: Diese Art der Comedy ist überzeichnet und bewusst provokativ. Vielleicht hilft die Erinnerung an das, was in der Vergangenheit bereits alles bewältigt wurde und wo sich eben doch etwas (zum Guten!) geändert hat, trotzdem!

Erkennst du zudem, dass die Umstände ihren Teil zu deiner Stimmung beitragen, es gleichzeitig aber vieles gibt, das du selbst beeinflussen kannst, gestaltet sich die Lage ebenfalls freundlicher. Ebenso hilfreich ist das Wissen über die Mechanismen hinter deinen Reaktionen. Unter Umständen hast du dir zu Beginn dieses Buches die Frage gestellt: „Was ist denn eigentlich los mit mir?“ oder „Wo kommt das alles plötzlich her?“ Nach unserem ersten Zwischenstopp siehst du, dass deine Wahrnehmungen und Empfindungen durch ein Zusammenspiel von verschiedenen Faktoren hervorgerufen werden. Je besser du diese kennst, desto leichter fällt es dir, individuelle Strategien zum Umgang damit zu entwickeln und schrittweise dein persönliches Anti-Krisen-Programm zu erstellen.

Oft hilft die Erinnerung an das, was in der Vergangenheit bereits erfolgreich bewältigt wurde.

Mögliche Ansatzpunkte für das selbstständige Weiterarbeiten:

- Bestimmte Ereignisse und Entwicklungen liegen außerhalb deiner Macht. Du kannst sie entweder nicht oder nur über lange Zeiträume hinweg beeinflussen und verändern. Vermeide, dich darin zu verbeißen und beispielsweise permanent damit zu hadern, dass die Umstände so furchtbar schlecht sind oder die Zeiten immer schlimmer werden. Als initiale Reaktion ist diese Haltung verständlich, langfristig hilft sie dir jedoch nicht weiter, sondern zieht deine Stimmung nach unten und raubt dir Energie.
- Konzentriere dich auf das, was du verändern kannst. An allererster Stelle ist das dein eigener Umgang mit der Situation. Die eigene Haltung zu verändern, braucht Zeit und du wirst gelegentlich in alte Muster zurückverfallen. Das ist normal und kein Grund, dich zu ärgern oder selbst zu kritisieren. So erhöhst du nur den bereits vorhandenen Druck. Versuche in solchen Momenten stattdessen, dich auf das zu konzentrieren, was du bereits geschafft hast, und setze nach dem „Schlagloch“ den begonnenen Weg fort.
- Wenn du merkst, dass du die Tendenz hast, nur noch das Schlechte und Bedrohliche zu sehen, kultiviere bewusst das „beidäugige Sehen“. Häufig übersehen wir in Phasen, in denen es uns schlecht geht, die guten, angenehmen und lichten Momente. Versuche, diese gezielt wahrzunehmen und so ein Gegengewicht zu schaffen.
- Unbekannte Risiken können uns erheblich ängstigen und belasten. Eine objektive Risikobewertung hilft dir, besser mit diesen Emotionen umzugehen!

Reflexion:
Erkennst du dich in einigen der aufgezählten Punkte wieder? Wo könntest oder möchtest du ansetzen, um dem Krisenempfinden künftig entgegenzuwirken? Gibt es Maßnahmen, die du bereits umsetzt und die du ausbauen könntest? Was würdest du gerne neu ausprobieren – und wann beginnst du damit?

Schreibe deine Antworten am besten auf und platziere deine Notizen an einer Stelle, die dir häufig in den Blick fällt. So erinnerst du dich auch in stressigen Phasen an dein Vorhaben und kannst sofort etwas gegen aufkommende Krisenstimmung tun!

Medienkonsum verändert die Wahrnehmung

In der ersten Etappe unserer Reise haben wir uns mit den Rahmenbedingungen beschäftigt und betrachtet, wie „neu“ das ist, was wir gerade erleben. Dabei ist an mehreren Stellen angeklungen, dass sich äußere Faktoren, deine Wahrnehmung und „die Realität“ gegenseitig beeinflussen. Lösen bestimmte Ereignisse bei dir Stress oder ein Gefühl der Bedrohung aus, nimmst du die Welt insgesamt als abweisender, kälter oder feindseliger wahr.

Einige Wissenschaftler gehen sogar so weit anzunehmen, dass deine Wahrnehmung deine Realität generiert. Eine davon unabhängige „neutrale Realität“ existiert lediglich als theoretisches Konstrukt. Das, was für dich „real“ ist, ist nur das, was du wahrnehmen kannst, und damit notwendigerweise eine persönlich gefärbte Version.

Wie du diese empfindest, hängt von zahlreichen Faktoren ab, etwa deinen physischen Voraussetzungen und Fähigkeiten, deinem Energielevel (inklusive der Frage, ob du aktuell hungrig oder durstig bist), deiner Gefühls- und Stimmungslage, deinen sozialen Zugehörigkeiten und vielem mehr.[41] Mitunter kann deine Sicht auf die Welt innerhalb kürzester Zeit wechseln und sich deine Umwelt dir wahlweise als freundlich, zugewandt und hoffnungsspendend oder umgekehrt als feindlich, frustrierend oder angsteinflößend präsentieren.

Eine unabhängige, „neutrale Realität" existiert lediglich als theoretisches Konstrukt.

Ein Aspekt, der deine Wahrnehmung maßgeblich prägt, ist das „Futter", das sie bekommt. Versorgst du dich, was deine „mentale Nahrung" betrifft, in erster Linie mit Horrormeldungen, düsteren Szenarien und Schreckensbildern, reagiert deine Psyche entsprechend darauf. Das ist genauso, wie wenn du deinen Körper sehr einseitig ernährst und beispielsweise nur Proteine oder nur Kohlenhydrate isst. Irgendwann stellt sich eine Überreaktion bzw. ein Mangel ein.

Im körperlichen Bereich sind wir uns dessen stärker bewusst und viele steuern beizeiten aktiv gegen. Geht es hingegen um unsere Psyche, achten wir im Alltag meist weniger darauf, was wir in welchem Maß konsumieren und welche Auswirkungen diese „Diät" hat. Ein besonders häufiger blinder Fleck: das, was wir „nebenher" konsumieren und was damit gewissermaßen ein Grundrauschen an Informationen erzeugt. Dieses „Nebenher-Konsumieren" hat sich in den letzten Jahren deutlich verstärkt, nicht zuletzt aufgrund der technischen Möglichkeiten, die es dir erlauben, „always on" zu sein.

Versorgst du dich in erster Linie mit Horrormeldungen und Schreckensbildern, reagiert deine Psyche entsprechend.

Katastrophen-Dauerbeschallung

Was genau hat sich verändert? Bei Früher-Heute-Vergleichen zitieren Kritiker gerne Kinder und Jugendliche, die nur am Bildschirm hängen, Erwachsene, die das Smartphone bis ins Bett mitnehmen, und eine Gesellschaft, deren Aufmerksamkeitsspanne durch die Nutzung der neuen Medien immer kürzer wird. Vorurteile über den veränderten Medienkonsum und seine negativen Auswirkungen gibt es zuhauf. Aber wie sind die Zahlen wirklich und welche Auswirkungen hat das auf unsere (Realitäts-)Wahrnehmung?

Einen verlässlichen Überblick zu den konkreten Entwicklungen vermittelt die „ARD/ZDF-Massenkommunikation Langzeitstudie". Als weltweit einzige repräsentative Intermediastudie untersucht sie seit mehr als 50 Jahren die Mediennutzung in Deutschland.[42] Die Ergebnisse der jeweils aktuellen Befragungen sind frei zugänglich und online abrufbar.[43] Zu den zentralen Erkenntnissen der neusten Umfrage zählen folgende Punkte[44]:

- Durchschnittlich verbringen wir täglich über 400 Minuten mit Medien. Das entspricht über sechs Stunden! Du kannst dir vorstellen, dass das, was du in dieser Zeit aufnimmst, eine erhebliche Wirkung auf deine Stimmung hat und Gefühle wie Katastrophenempfinden, Bedrohung und Besorgnis verstärken kann.
- Die Reichweite von Text sinkt. Insbesondere Jugendliche nutzen vor allem Bewegtbild- und Audioformate.
- In der Langzeitperspektive hat die Mediennutzung über das Internet stark zugenommen. Sie ist verbunden mit dem wachsenden Bedürfnis nach orts- und zeitunabhängigem Medienkonsum.[45]

Insgesamt verbringen die meisten von uns also einen erheblichen Teil ihrer (Frei-)Zeit mit der Nutzung von Medien. Dabei spielen bewegte Bilder eine zunehmende Rolle. Diese Entwicklung hängt eng mit dem technischen Fortschritt zusammen bzw. wurde überhaupt erst durch ihn ermöglicht. So standen Internet-TV und Streamingdienste früher schlichtweg nicht zu Verfügung. Selbst auf den ersten dazu fähigen Handys war die Übertragung entweder so langsam oder so teuer, dass man nach wenigen Minuten meist doch wieder zum TV-Gerät zurückkehrte. Zudem gaben feste Sendezeiten den Takt vor. Nachrichten wurden dann geschaut, wenn sie auf dem Sendeplan standen.

Die meisten von uns verbringen einen erheblichen Teil ihrer (Frei-)Zeit mit der Nutzung von Medien.

Kinder, die in den 2000er Jahren geboren sind, können sich kaum mehr vorstellen, dass es Zeiten gab, zu denen Sendungen an eine fixe Uhrzeit gebunden waren und man sie nicht einfach durch einen Klick in die Mediathek starten konnte! Das hat sich grundlegend verändert. Dank Smartphones, Mediatheken und Streaming-Diensten kannst du quasi zu jeder Zeit und von jedem Ort der Welt Informationen zu fast allen Themen abrufen und diese so lange und so oft konsumieren, wie du möchtest.

Diese enorme Verfügbarkeit von Informationen bietet eindeutige Vorteile. Nie zuvor war es leichter, up to date zu bleiben und dich über diverse Entwicklungen zu informieren. Die Schattenseite: die permanente Verfügbarkeit von Nachrichten sowie die unüberschaubare Fülle von Angeboten. Ohne ausreichende Selektion und Selbstdisziplin verlierst du dich im Informationsdschungel oder bist permanent „on“ und hast somit kaum mehr Erholungszeiten, um das Gesehene zu verarbeiten und Abstand zu gewinnen. Das ist umso folgenreicher, da Erholungszeiten vor allem bei bewegten Bildern essenziell sind, da diese im Vergleich zum geschriebenen Wort eine intensivere Wirkung auf uns haben.

Reflexion:
Wie viel deiner Zeit verbringst du mit der Nutzung unterschiedlicher Medien? Rechne dabei auch die Zeiten mit ein, in denen du „mal schnell“ durch diverse Accounts scrollst oder dich aus Langeweile durch Nachrichtenportale und -websites klickst. Welche Wirkung haben die einzelnen Kanäle auf dich? Wonach fühlst du dich ausgeglichen, erholt und entspannt? Welche Art von Content wühlt dich dagegen auf, macht dich unruhig, gereizt oder verängstigt dich? Wie sieht deine Balance insgesamt aus? Konsumierst du eher Dinge, die dir mental guttun, oder überwiegen die Inhalte, die dich gedanklich belasten und vielleicht sogar noch umtreiben, wenn du das Gerät abgeschaltet hast?

Die Macht der bewegten Bilder

Wenn du vor allem digitale Medien nutzt, dürfte eine relative große Anzahl an Bildern unter dem sein, was du aufnimmst. Nun könnte man meinen: Ereignis ist Ereignis, egal ob in Wort, Bild oder Film. So gesehen ließe sich schlussfolgern, es sei irrelevant, in welchem Format du eine Nachricht erhältst. Mitnichten! Das Medium spielt eine ganz erhebliche Rolle.

Es spielt eine Rolle, in welchem Format du eine Nachricht aufnimmst.

Das ist bereits bei fiktiven Darstellungen spürbar. Vielleicht kennst du den Effekt: Eine blutrünstige Szene in einem Film, bei der du alle Details siehst, hat eine intensivere und einprägsamere Wirkung als ein Krimi, in dem du die gleiche Szene als Beschreibung liest. Möglicherweise erinnerst du dich noch heute an Filme oder Serien aus deiner Kindheit, die dir damals Angst eingeflößt oder Alpträume beschert haben.

Die intensivere Wirkung von Bildern zeigt sich in allen Genres, egal ob Fiktion, Dokumentation oder Nachrichtensendung. Das hat Auswirkungen auf deine Wahrnehmung. Denn durchschnittlich betrachtet konsumieren wir grundsätzlich mehr mediale Inhalte. Zusätzlich werden dabei (bewegte) Bilder immer beliebter, während das geschriebene Wort in den Hintergrund rückt.

Diese Orientierung hin zu Fotos, Filmen und Animationen ist bedeutsam, wenn es um die Aufnahme und Verarbeitung von Informationen geht. Bilder haben nicht zuletzt deshalb eine intensivere Wirkung, weil du sie um ein Vielfaches schneller verarbeiten kannst als Text. Tatsächlich erfassen wir ein Bild 60.000-mal schneller als ein geschriebenes Wort.[46] Das spart Energie und es fällt uns daher leichter, Bilder zu konsumieren. Hinzu kommt, dass du Bilder schneller erkennst und dich leichter an sie erinnerst.[47]

Diese Tatsache bietet zahlreiche sinnvolle Einsatzmöglichkeiten, etwa dann, wenn es darum geht, effizient Informationen zu vermitteln, Lernmaterialien zu gestalten oder Inhalte zu präsentieren. Allerdings hat sie auch eine Kehrseite: So setzt sich das Erschreckende, Negative und Besorgniserregende in Bildform stärker fest.

Ein weiterer Grund für die intensivere Wirkung von Bildern: deine Emotionen. Bilder sprechen direkt das limbische System in deinem Gehirn an und rufen so Emotionen hervor. Vermutlich kennst du diese Wirkung! Rufe dir dazu beispielsweise die Erinnerung an eine gelungene Feier oder ein anderes besonderes Ereignis ins Gedächtnis. Führst du dir diese nur mithilfe von Text vor Augen, etwa durch einen Tage-

Ein einziges Bild kann ausreichen, um dich sofort wieder in die damalige Stimmung zu versetzen.

bucheintrag, dauert es länger, bis eine emotionale Reaktion eintritt und diese körperlich spürbar wird. Zudem fällt sie vermutlich schwächer aus als damals in der tatsächlichen Situation. Anders bei Bildern. Ein einziges Bild kann ausreichen, um dich sofort wieder in die damalige Stimmung zu versetzen. Das fühlt sich manchmal fast so an, als würdest du die Szene ein zweites Mal erleben.

Diese Eigenschaften von Bildern – also ihre schnelle Erfassbarkeit, die leichtere Abrufbarkeit aus der Erinnerung und die emotionale Ansprache – werden in vielen Bereichen genutzt, unter anderem im Marketing und im Journalismus.[48] Bei Nachrichten und Berichterstattungen verleihen Bilder dem Geschriebenen (vermeintlich) Echtheit und Authentizität. Mit einem Bild wirkt der Begleittext sofort glaubhafter. Das geht so weit, dass Bilder sogar dein Handeln steuern können. So tragen Bilder unter anderem maßgeblich zum Erfolg von Spendenkampagnen bei. Werden die passenden Bilder ausgewählt, verstärkt das die Spendenbereitschaft der Adressaten.[49] Darüber hinaus binden emotionale Bilder deine Aufmerksamkeit – und zwar auf höchst effektive Weise.

Eine Forschergruppe um den Psychologen Prof. Dr. Matthias Müller von der Universität Leipzig fand heraus, dass wir emotionale Bilder und Ereignisse in unserer Umwelt selbst dann wahrnehmen, wenn wir zu diesem Zeitpunkt etwas anderes tun. Sie ziehen deine Aufmerksamkeit förmlich auf sich und lenken dich von den Aufgaben ab, mit denen du eigentlich beschäftigt bist. Das geschieht unabhängig davon, ob du es willst oder nicht. Naheliegenderweise wird dieser Effekt verstärkt in der Werbung eingesetzt.[50]

Online-Streams und Videoclips binden deine Aufmerksamkeit effektiver als statische Bilder.

Noch ausgeprägter ist die Wirkung übrigens bei bewegten Bildern. Aus gutem Grund siehst du vielfach Online-Streams und Videoclips, die für bestimmte Produkte werben. Sie ziehen deine Aufmerksamkeit effektiver auf sich als statische Bilder.[51]

Selbstverständlich hat die Wirkmächtigkeit (bewegter) Bilder Auswirkungen auf deine Wahrnehmung von Krisen und Katastrophen und die damit verbundenen Emotionen. Informierst du dich über besorgniserregende Entwicklungen und Ereignisse über die digitalen Medien, geht das zwangsläufig mit Bildern einher. Sie verstärken dein emotionales Empfinden und intensivieren bestehende Krisen- und Panikstimmungen. Gönne deinem System deshalb regelmäßige Pausen und plane bewusst Offline-Zeiten ein!

Sekundärtraumatisierung durch Bilder?

Pausen und Medienauszeiten sind vor allem dann enorm wichtig, wenn es um Schreckensbilder geht. Bilder von Gräueltaten oder Katastrophen wühlen dich auf und wirken nach der Betrachtung fort. Sie erzeugen also Stress. Allein das ist ein Grund, für regelmäßige Unterbrechungen und Erholung zu sorgen. Im Extremfall können Bilder und Filme sogar zu einer Sekundärtraumatisierung führen. Das bedeutet, eine Person erleidet ein Trauma „stellvertretend", etwa durch das Betrachten von Bildern und Videos. Obwohl der Beobachter vom Ort des Geschehens entfernt ist, setzt die gleiche Reaktion ein, als ob er das Trauma „direkt" erlebt hätte.

Die Wissenschaft beschäftigt sich derzeit verstärkt mit der Frage, wie wahrscheinlich eine solche Reaktion ist und wen sie besonders stark betrifft. In der Anfangsphase konzentrierte sich die Forschung vor allem auf diejenigen Berufsgruppen, die in ihrem Arbeitsalltag regelmäßig traumatischen Situationen ausgesetzt sind, beispielsweise Notärzte, Krisenhelfer, Soldaten und Mitglieder von Hilfsorganisationen. Schrittweise hat sich die Perspektive erweitert und es rücken zusätzliche Bereiche in den Blick, darunter die Berichterstattung in den Nachrichten.

Trauma-Expertinnen wie Danielle Turmaud weisen darauf hin, dass die ständige Überflutung mit Schreckensbildern mentalen Stress auslöst und schlimmstenfalls Symptome eines Traumas oder einer Traumafolgestörung hervorruft.[52] Dieses Phänomen wurde anfangs vor allem bei Journalisten beobachtet, die aus Krisengebieten berichteten und somit vergleichsweise nahe am Geschehen waren.

Die ständige Überflutung mit Schreckensbildern löst mentalen Stress aus.

Allerdings traten derartige Reaktionen auch bei Reportern auf, die in der Redaktion die eingegangenen Bilder sichteten und sich intensiv mit dem Gezeigten auseinandersetzen mussten. Diverse Journalistenverbände, Berufsorganisationen und Think Tanks haben es sich deshalb zur Aufgabe gemacht, auf diese Gefahr hinzuweisen und Betroffene für mögliche Anzeichen zu sensibilisieren.[53]

Was kannst du daraus für deinen eigenen Medienkonsum ableiten? Die Neurowissenschaftlerin Prof. Dr. Maren Urner empfiehlt ausdrücklich einen bewussten und balancierten Umgang mit erschreckenden Nachrichten.[54] Sie betont, dass es nicht darum geht, alles Furchterregende komplett auszublenden oder sich vollständig abzuschotten. Vielmehr gilt es, dem Gehirn Pausen zu gönnen und so eine Verarbeitung zu ermöglichen. Ein großer Teil dieser Verarbeitung findet im Schlaf statt. Während dieser Regenerationsphasen erholt sich neben deinem Körper auch deine Psyche. Ausreichend Schlaf abzubekommen ist deshalb immer eine gute Idee!

Reflexion:
Gibt es Bilder, die dich besonders stark belasten? Wie gehst du mit dieser Wirkung um? Was könntest du tun, um mehr Ausgleich zu schaffen?

UMGANG MIT SCHRECKENSBILDERN IN DER THERAPIE

Was lässt sich therapeutisch tun, wenn sich einzelne Bilder festgesetzt haben und zu einer Belastung werden? Als besonders vielversprechend im Umgang mit belastenden Bildern erweist sich aktuell das „Imagery Rescripting".

Dabei handelt es sich um eine psychotherapeutische Technik, bei der negative Erinnerungen und Bilder positiv verändert und dadurch überschrieben werden. Anstatt sie zu verdrängen, arbeitest du daran, sie neu zu besetzen. Auf diese Weise verlieren sie schrittweise ihren Schrecken.[55]

Wenn die Grenzen zwischen den Formaten verschwimmen

Über den allgemeinen Nachrichtenkonsum und seine Wirkung haben wir bereits intensiv gesprochen. Aber wie sieht es bei dir aus – das heißt, wie oft hast du heute bereits die Nachrichten gesehen? Oder anders gefragt: Hast du überhaupt „die Nachrichten" gesehen, sprich dir bewusst zehn oder 15 Minuten Zeit genommen, eine komplette Nachrichtensendung angeschaut und dich ausschließlich darauf konzentriert? Es ist durchaus möglich, dass du die erste Frage mit „Ja, natürlich, schon mehrfach", die zweite dagegen mit „Nein" beantwortet hast. Denn neben unserer Mediennutzung haben sich die bevorzugten Formate sowie die verfügbaren Angebote gewandelt.

An dieser Stelle hat sich ein wahrer Paradigmenwechsel vollzogen! So waren früher die Sparten Unterhaltung und Information/Nachricht klar voneinander getrennt. Diese Trennung führte fast automatisch zu einer Strukturierung. Das heißt: Wenn wir uns mit den Nachrichten beschäftigten, standen diese im Vordergrund. Wenn es um Unterhaltung ging, ging es um Unterhaltung und tagesaktuelle Probleme waren ausgeblendet. Mischformen gab es vereinzelt, allerdings stellten sie die Ausnahme dar.

Früher waren die Sparten Unterhaltung und Information/Nachricht klar voneinander getrennt.

Diese Spartentrennung sowie die technischen Gegebenheiten, etwa die Ausstrahlung zu festen Sendezeiten, führten zu einer vorgegebenen Strukturierung. Nachrichten gab es beispielsweise am Morgen in Form der gedruckten Zeitung. Sofern keine größeren Ereignisse anstanden oder höchst Außergewöhnliches eintrat, gab es in vielen Haushalten die nächsten Meldungen erst wieder am Abend, beispielsweise in Form der Tagesschau oder der Tagesthemen. Die Zeit dazwischen war bei den meisten deutlich nachrichtenfreier als heute.

Wollte man sich unterwegs informieren, waren die Nachrichten im Radio zur halben oder vollen Stunde meist die einzige Quelle. Zu Hause bot der Teletext eine weitere Alternative, die allerdings Geduld erforderte. Zumindest in meiner Erinnerung überschritt die Zeit, in der sich eine Seite aufbaute, die tatsächliche Lesezeit bei Weitem. Zudem war das Lesevergnügen durch die „interessante“ farbliche Gestaltung, etwa mit gelbem oder neongrünem Text auf schwarzem Hintergrund deutlich limitiert.

Meldung oder Meinung?

Diese Umstände und Gewohnheiten sind weniger als 40 Jahre her. Dennoch scheinen sie fast wie aus einem anderen Zeitalter. Durch die ständige Verfügbarkeit von Informationen haben sich bei vielen die (Nachrichten-)Gewohnheiten enorm verändert. Anstatt uns zu festgelegten Zeiten gezielt vor den Fernseher zu setzen, konsumieren wir heute Informationen „on the go“.

Zudem ist das, was wir sehen, zunehmend in kürzere, dafür aber häufigere Abschnitte unterteilt. Du blickst etwa beim Frühstück auf dein Smartphone, scrollst im Bus durch einen Feed und hast während der Arbeit auf deinem Bildschirm zahlreiche Fenster geöffnet, zwischen denen du hin- und herspringst. Durch diese neuen Verhaltensweisen werden Meldungen insofern präsenter, als sie dich wie ein Grundrauschen durch den Tag begleiten. Dies geschieht fast zwangsläufig, egal, ob du es willst oder nicht.

Denn die Bilder und Texte mit aktuellen Meldungen sind keineswegs auf spezialisierte Nachrichtenportale beschränkt. Vielmehr begegnen sie dir auf diversen Seiten und Plattformen. Es reicht beispielsweise aus, dich online in deinen E-Mail-Account einzuloggen, um schon auf der Startseite mit diversen Bildern und Schlagzeilen konfrontiert zu werden. Diese sind darauf ausgelegt, zum Anklicken zu verleiten. Das funktioniert besonders gut, wenn sie reißerisch oder provokant formuliert sind und mit emotionalen Bildern aufwarten.

Schon die Startseite deines E-Mail-Accounts kann dich zum Anklicken von Bildern und Schlagzeilen verleiten!

Die Themenauswahl ist somit offensichtlich: Ganz oben rangieren Eilmeldungen, Katastrophenberichte, Skandale und drohende Krisen. Du wirst also nahezu bombardiert mit Meldungen von Problemen, Katastrophen und Krisen aus aller Welt. Je häufiger du die entsprechenden Portale nutzt, desto stärker entsteht der Eindruck, dass diese Themen alles dominieren und überschatten. Einmal mehr helfen regelmäßiges Abschalten und Offline-Zeiten sowie die bewusste Distanzierung und die Beschäftigung mit anderen Themen!

Ein zweiter Aspekt, der diese Allgegenwärtigkeit von Nachrichtenmeldungen verstärkt: das bereits angesprochene Verschwimmen der Grenzen zwischen den journalistischen Genres. Mitunter sind heute die Unterschiede zwischen Berichterstattung, PR-Texten, Marketing und Werbung kaum mehr erkennbar und verstärken das bestehende Grundrauschen.[56]

Eine zusätzliche Verwischung der Grenzen findet durch sogenannte Infotainment- oder Dokutainment-Formate statt. Sie suggerieren, einen Einblick in das „echte" Leben „normaler" Menschen zu bieten. Hinter den Kulissen sieht es dagegen so aus, dass regelmäßig Statisten für die einzelnen Episoden gecastet werden.[57] Manche von ihnen treten sogar mehrfach zu unterschiedlichen Themen auf! Ebenso wurden Fälle bekannt, in denen die Darstellung der „Wahrheit" auf Autorenwunsch abgeändert oder zugespitzt wurde und der Sender anschließend Ungereimtheiten zugeben musste.[58]

Infotainment- oder Dokutainment-Formate verwischen die Grenze zwischen Realität und Fiktion.

Kritisch diskutiert wird darüber hinaus die Bezahlung von Protagonisten für Einblicke in ihr „wahres Leben", das sich so gut wie immer durch außergewöhnliche Besonderheiten, schwerwiegende Probleme oder dramatische Ereignisse auszeichnet. Das, was als „echtes Leben" oder „neue soziale Realität" präsentiert wird, ist bestenfalls ein kleiner Ausschnitt der sozialen Wirklichkeit. Schlechtestenfalls handelt es sich um eine schauspielerische Darbietung mit hohem emotionalem Gehalt, die eine überzeichnete Sicht auf die Dinge bietet.

Wie eine verzerrte Wahrnehmung entsteht

Übersehen wir diese Tatsache und ordnen das Gezeigte als Abbild der gesellschaftlichen Realität ein, entsteht eine verzerrte Wahrnehmung und sehr einseitige Vorstellung dessen, was unsere Welt wirklich ausmacht. Selbstverständlich lassen sich mit derartigen Mitteln ebenfalls Ängste schüren und Ressentiments gegenüber einzelnen Gruppen erzeugen. Auf diese Weise entsteht ein weiterer Faktor, der Krisenstimmungen aufrechterhalten und intensivieren kann.

Einige Experten sehen die zunehmende Vermischung von subjektiver Darstellung und objektiver Berichterstattung aus unterschiedlichen Gründen höchst kritisch. Der Medienforscher Colin Porlezza betont, dass Objektivität im anglo-amerikanischen wie im europäischen Journalismus bislang die dominierende Norm ist, der objektive Journalismus aber an Zuspruch verliert. So kommt es zu einer zunehmenden Auflösung der Grenzen zwischen Fakten und Fiktion. Porlezza plädiert deshalb für eine Neudefinition der Objektivitätsnorm im Journalismus, um sicherzustellen, dass sich journalistische Texte weiterhin klar von interessensgeleiteten Kommunikationsformen wie Öffentlichkeitsarbeit und Werbung abgrenzen lassen.[59]

Diese Unterscheidbarkeit ist umso wichtiger, als mittlerweile grundsätzlich jeder zum Autor werden kann. Eine eigene Website oder ein eigener Blog ist leicht erstellt. Noch einfacher ist es mit einem Account auf Plattformen wie Facebook oder Instagram, wo sich selbsterstellter Content kostenlos und in kürzester Zeit veröffentlichen lässt. Eine Prüfung des Wahrheitsgehalts und der Qualifikation des Autors findet, anders als bei etablierten Redaktionen und Nachrichtendiensten, in der Regel nicht statt.

Für dich als Nutzer oder Nutzerin wird es dadurch zunehmend schwerer zu erkennen, welche Informationen auf belegbaren Angaben beruhen, aus welcher Quelle sie stammen und ob es sich um Expertenmeinungen, unabhängige Berichterstattung oder persönliche Kommentare handelt. Entsprechend groß ist die Verunsicherung, auf welche Aussagen letztlich Verlass ist.

Ebenso geschieht es, dass Panik und Beunruhigung einsetzen, weil fälschlicherweise der Eindruck entsteht, eine verlässliche Quelle hätte Handlungsempfehlungen gegeben oder bahnbrechende Erkenntnisse veröffentlicht. Mögliche Folgen dieser Art von (Des-) Information ließen sich eindrücklich bei einzelnen Debatten im Rahmen der Covid-19-Pandemie beobachten.

Wahrheitsgehalt und Verlässlichkeit der Quellen können in Blogs und Social Media nur schwer überprüft werden.

Diese vielfach sehr emotional und meist anonym ausgetragenen Wortgefechte führten einerseits dazu, dass zunehmend Gräben zwischen den einzelnen Gruppen und Meinungsvertretern entstanden, andererseits erzeugten sie bei einer beträchtlichen Anzahl von Menschen eine Nachrichtenmüdigkeit.[60] Diese ging so weit, dass 2023 jeder Zehnte oftmals aktiv versuchte, Nachrichten zu meiden.[61]

Als Gründe für dieses Verhalten wurden Verdrossenheit in Bezug auf einzelnen Themen, die negativen Auswirkungen auf die eigene Stimmung, Erschöpfung aufgrund der Vielzahl an Nachrichten und ein insgesamt geringes Vertrauen in Nachrichten angeführt.[62] Diese Aufzählung zeigt deutlich die Zusammenhänge zwischen einzelnen Themen, ihren Einflüssen auf die Stimmungslage und dem daraus entstehenden Krisenempfinden oder Bedrohungsgefühl, das viele versuchen, zu vermeiden.

Zwischen Expertenmeinung und wilder Spekulation

Besonders relevant wird der Aspekt der Nachprüfbarkeit und Verlässlichkeit im Bereich der sozialen Medien. Möglicherweise wendest du jetzt ein, dass du diese selbst kaum nutzt. Dann ist für dich persönlich dieser Aspekt in der Tat von geringerer Bedeutung. Ganz anders sieht es jedoch bei der jüngeren Zielgruppe aus. In der Altersgruppe der Jugendlichen und jungen Erwachsenen zeichnet sich eine klare Trendwende bei der Mediennutzung ab, die auch das Nachrichtenverhalten einschließt. In einer Umfrage unter den 18- bis 24-Jährigen aus dem Jahr 2022 stellten die sozialen Medien mit einem Wert von 55 % bereits die am häufigsten genutzte Quelle für Nachrichteninhalte im Internet dar.[63] Diese Verschiebung hat Auswirkungen darauf, welche Personen und Institutionen als verlässlich und relevant wahrgenommen werden.

Dabei zeigen sich deutliche Unterschiede zwischen den Plattformen. Standen bei Facebook und Twitter noch stärker Nachrichtenmedien sowie Journalistinnen und Journalisten im Vordergrund, treten bei Instagram, TikTok und Snapchat zunehmend Promis, Influencer und Netzpersönlichkeiten an ihre Stelle.[64]

In den sozialen Medien fällt die klare Trennung zwischen Nachricht und Kommentar oftmals komplett weg.

Es liegt auf der Hand, dass bei letzteren Quellen die Chancen höher stehen, dass sie persönlich gefärbte Meinungen, subjektive Einschätzungen und individuelle Wertungen verbreiten, als es bei unabhängigen Journalisten und Nachrichtenagenturen der Fall ist. Zudem fällt die klare Trennung zwischen Nachricht und Kommentar oftmals komplett weg.

Ein weiterer Punkt, der bei der Nutzung der sozialen Medien als Nachrichtenquelle ins Gewicht fällt: Hast du einmal damit begonnen, einer bestimmten „Richtung“ zu folgen, präsentiert dir der

Algorithmus immer mehr des Gleichen und bestärkt dich potenziell in deiner Haltung – wenn du etwas so oft siehst, muss es ja schließlich stimmen!

Die Plattform Instagram bestätigt diese Tatsache auf ihrer eigenen Website. So heißt es bei den Informationen zur Erstellung des persönlichen Feeds wörtlich: „Der Feed ist deine persönliche Startseite auf Instagram, über die du auf dem Laufenden bleibst, was deine Freund*innen, Familie und Interessen angeht. Dementsprechend findest du in deinem Feed eine Mischung aus Inhalten der Konten, denen du folgst, empfohlenen Inhalten von Konten, die dir gefallen könnten, und Werbeanzeigen. Die Zusammenstellung umfasst sowohl Videos als auch Fotos und Carousels. [...] Um einzuschätzen, was für dich relevant sein könnte, greifen wir auf eine Reihe von Informationen zurück, zum Beispiel was und wem du folgst sowie deine aktuellen „Gefällt mir'-Angaben und Interaktionen."[65]

Falls du dich also schon einmal gefragt hast, warum dein Feed so komplett anders aussieht als der deiner Bekannten – das dürfte die Antwort sein! Je nach deinen persönlichen Präferenzen, den Konten, denen du folgst, sowie den von dir vergebenen Likes werden dir, überspitzt formuliert, wahlweise süße Katzenbilder und Videos von Hundewelpen, Aufnahmen von den spektakulärsten Stürzen beim Skifahren, Beiträge zu Depression, Angst- und Panikstörungen oder die neusten Informationen zu Inkontinenzprodukten und Treppenliften gezeigt.

Wenn du gerade denkst „Das ist jetzt aber schon sehr übertrieben": Die genannten Beispiele sind tatsächlich in meinem Bekanntenkreis so aufgetreten, teilweise ohne ersichtlichen Zusammenhang. Was in diesem Kontext Grund zur Erheiterung bot, wird dann problematisch, wenn Menschen sich der Tatsache, dass ein bestimmter Algorithmus hinter dem angezeigten Feed steht, nicht bewusst sind oder sie ausblenden. Dann entsteht unter Umständen der Eindruck, dass etwa Angst- und Panikstörungen in nie gekanntem Ausmaß um sich greifen oder sämtliche Experten vor den fatalen Folgen einer bestimmten Entwicklung warnen. Ebenso lässt sich auf diese Weise Meinungslenkung in jede Richtung betreiben. Ein bewusster, reflektierter und kritisch-hinterfragender Umgang mit Posts und Inhalten ist deshalb vielleicht wichtiger denn je.

Reflexion:
Welche sind deine Hauptinformationsquellen? Stellst du bei den Inhalten, die dir angezeigt werden, eine Häufung bestimmter Themen fest? Wie wirken sich diese auf deine Stimmung aus? Wie sieht es in deinem Umfeld aus – machst du dir beispielsweise Gedanken über das, was deine Kinder oder Enkel täglich in ihren Feeds sehen?

Fake News und Medienmanipulation

Untrennbar mit dem Thema Mediennutzung und Social Media verbunden ist die Frage nach der grundsätzlichen Glaubwürdigkeit und Verlässlichkeit von Informationen. Bei vielen stellen sich dabei Gedanken ein wie „Was kann ich denn eigentlich überhaupt noch glauben?“ Die dahinterstehende Problematik hat eindeutig neue Dimensionen angenommen. So machte in den letzten Jahren eine Reihe von Fälschungen und Medienmanipulationen Schlagzeilen, die einen neuen Grad an (vermeintlicher) Authentizität erreichten. Besonders beunruhigend war, dass sogar etablierte Institutionen wie die Tagesschau betroffen waren.

Fälschungen und Medienmanipulationen erreichen einen neuen Grad an (vermeintlicher) Authentizität.

Bei den Fälschungen handelte es sich erschreckenderweise um deutlich mehr als ein paar mit Photoshop oder einer ähnlichen Software bearbeitete Bilder. Vielmehr kursierten im Internet Videos mit gefälschten Audiodateien der Sprecher Susanne Daubner und Jens Riewa. Sie suggerierten, die Tagesschau entschuldige sich für bewusste Lügen und Manipulation in der Berichterstattung.[66] Vergleichbare Fake-Videos folgten von weiteren prominenten Persönlichkeiten und Politikern. Sämtliche Videos wirkten in Mimik und Stimmführung so authentisch, dass die Betroffenen selbst angaben, im ersten Moment fast geglaubt zu haben, sich selbst zu sehen. Diese Entwicklung gibt Anlass zur Sorge, die offensichtlich berechtigt ist. So listete der Weltrisikobericht 2024, der jährlich vom World Economic Forum herausgegeben wird, Falsch- und Desinformation an oberster Stelle.[67]

Das also ist der Status quo bezüglicher der Verlässlichkeit von Informationen. Wie gehst du am besten mit diesem Wissen um? Im ersten Moment mag es den Eindruck erwecken, die nächste Krise sei unvermeidlich. Rufe dir deshalb als Erstes in Erinnerung, dass es sich um eine Möglichkeit, aber nicht um eine bereits vorhandene Tatsache handelt. Und selbst wenn einzelne Ereignisse eintreten: Angst, Panik und hektischer Aktionismus sind immer schlechte Ratgeber.

Versuche deshalb erneut, einsetzende Stressreaktionen abzudämpfen und dich beispielsweise auf eine realistische Risikoeinschätzung sowie auf das, was du beeinflussen kannst, zu konzentrieren. Mitunter hilft es dabei, einen bewussten „Cut“ oder „Break“ zu machen, also sämtliche elektronischen Geräte abzuschalten und für eine kurze Atempause in die Natur zu gehen oder eine Tasse Kaffee zu trinken, ohne dabei durch deinen Insta-Feed zu scrollen! Du erinnerst dich vermutlich: Pausen und Regenerationszeiten sind wichtig, für deinen Körper wie für deinen Geist!

Wenn sich bei dir Gedanken einstellen wie „Das war früher alles besser, da gab es so etwas noch nicht!“, hilft darüber hinaus ein Blick in die Vergangenheit. Denn überraschenderweise handelt es sich bei Fake News um ein Phänomen, das uns, wenn auch auf technisch deutlich geringerem Niveau, allem Anschein nach bereits seit der Antike beschäftigt.

Fake News gab es bereits in der Antike.

So gab es im Jahr 335 v. Chr. in der griechischen Stadt Theben Pläne für einen Aufstand, denn es hieß, Alexander der Große, der damalige König von Makedonien, sei gestorben. Befeuert wurde diese Meldung von seinem Rivalen Demosthenes. Er behauptete, Alexander sei bei einem Kampf gefallen. In Theben kam es daraufhin zur Revolte. Allerdings beendete kurze Zeit später ein quicklebendiger Alexander diesen Aufstand höchstpersönlich. Letztendlich hatte die Falschmeldung einen hohen Preis: Theben wurde von der Armee Alexanders des Großen fast vollständig zerstört.[68]

Die Bezeichnung Fake News ist also neu, das dahinterstehende Konzept reicht dagegen weit in die Vergangenheit zurück. Mit zunehmendem technischem Fortschritt wurden Bildbearbeitung und visuelle Darstellungen immer ausgeklügelter – und damit auch die Manipulationen und Fälschungen. Ein (Negativ-)Meilenstein in diesem Zusammenhang ist die gezielte Veränderung von Fotografien. Dieser Einschnitt war deshalb so drastisch, weil wir erkennen mussten, dass eine Darstellungsform, die scheinbar „die Realität“ oder „die Wahrheit“ ablichtet, manipulierbar und damit potenziell unzuverlässig ist.

Das war übrigens schon lange vor der digitalen Bildbearbeitung der Fall. Bereits 1977 setzte sich die US-amerikanische Autorin, Kulturkritikerin und Regisseurin Susan Sontag mit den sozialen, ethischen und philosophischen Effekten von Fotografie auseinander. Sontag diskutierte damals unter anderem, welche Auswirkung die Fotografie darauf hat, wie wir bestimmte Ereignisse wahrnehmen. Diese Überlegungen führte sie, fast 30 Jahre später, in ihrem Buch „Das Leiden anderer betrachten“ fort. Darin behandelt sie die Darstellung von Krieg und Gewalt.

Die Fotografie hat Auswirkungen darauf, wie wir bestimmte Ereignisse wahrnehmen.

Sontag erklärt anhand zahlreicher Beispiele ein grundlegendes Dilemma: Fotografien haben scheinbar eine gewisse Objektivität oder machen uns glauben, dass wir „die Realität“ sehen. Was dabei übersehen wird: die stark subjektive Komponente, die notwendigerweise bereits dadurch entsteht, dass der Fotograf einen bestimmten Ausschnitt der „Wirklichkeit“ wählt. Diese Auswahl bzw. dieses „Framing“ erfolgt häufig sehr bewusst, etwa um eine bestimmte Botschaft zu transportieren.[69]

Mitunter ist dabei das Weggelassene genauso bedeutsam wie das Gezeigte. Je nach Ausschnitt lässt sich ein und dasselbe Bild auf höchst unterschiedliche Weise interpretieren. Wie groß die Bandbreite möglicher Interpretationen ist, zeigt eine Bilderstrecke aus dem Magazin *Der Spiegel* auf höchst eindrucksvolle Weise. Sie zeigt unter anderem eine Fotomontage der Artdirektorin Ursula Dahmen für den Tagesspiegel. Das Weglassen oder Hinzufügen einiger weniger Zentimeter erzeugt dabei einen komplett anderen Eindruck und das Bild erzählt somit eine völlig andere Geschichte. Die Fotos sind auf der Webseite des Spiegel frei zugänglich – schaue sie dir bei Interesse gerne an![70]

Nichts im Netz hinnehmen, wie es scheint

Du siehst: Es war schon immer wichtig, bei Bildern genauer hinzusehen. Mit den Möglichkeiten der digitalen Bildbearbeitung wird es jedoch zunehmend schwieriger, Veränderungen mit bloßem Auge zu erkennen. Allerdings kommt uns hierbei die technische Entwicklung zugute, mitunter sogar genau die Technik, die umgekehrt für die Fälschungen eingesetzt wird. Innovationen wie KI und andere leistungsfähige Software dienen dann als Werkzeuge, um Fälschungen zu entlarven und Manipulationen aufzudecken.

Mit KI können Fälschungen und Manipulationen aufgedeckt werden.

Zudem gibt es spezielle Strategien, die es dir erleichtern abzuschätzen, ob es sich bei einem Bild oder einer Meldung um Fake News handelt. Erwirbst du diese Art von „Lesefähigkeit", bist du weniger abhängig von externen Einschätzungen und verringerst das Risiko, dich von gefälschten Bildern und Meldungen täuschen zu lassen.

Wie sieht eine solche Kompetenz in Bezug auf Fake News aus? Exemplarisch möchte ich dir das von der Landesmedienanstalt NRW in deutscher Übersetzung herausgegebene „Verification Handbook – Das Handbuch zur Überprüfung von Desinformation und Medienmanipulation" vorstellen. Lies, wenn dich die Thematik interessiert, darüber hinaus selbstständig weiter.

Spezielle Strategien verringern das Risiko, dich von gefälschten Bildern und Meldungen täuschen zu lassen.

Gute Quellen sind dabei die Veröffentlichungen von Fachverbänden und Verlagen. Zahlreiche Journalistenverbände und Verlage stellen inzwischen sorgfältig recherchierte Informationen zum Thema Fehl- und Desinformation zur Verfügung. Viele folgen dabei grundsätzlich den Empfehlungen des oben genannten Handbuchs. Darin heißt es: „Die Schwachstellen in unserer digitalen und datengetriebenen Welt verlangen von uns Journalistinnen und Journalisten, alles genau zu hinterfragen und unsere Fähigkeiten dafür einzusetzen, die Öffentlichkeit zu korrekten, vertrauenswürdigen Informationen zu führen. [...]

Im Digitalen recherchieren heißt, nichts so hinzunehmen, wie es auf den ersten Blick scheint. Es heißt, zu erkennen, dass Dinge, die so aussehen, als müsste man sie einfach nur zählen, als seien sie datengetrieben – Likes, Shares, Retweets, Zugriffe, Ansichten, Werbeaufrufe –, einfach manipuliert werden können und es auch oft werden. [...] Und es heißt, sich selbst und seine Kolleginnen und Kollegen mit den richtigen Einstellungen, Techniken und Werkzeugen auszustatten, um sicherzustellen, dass man verlässliche, akkurate Informationen verteilt – und nicht zum Verstärker von Falschbehauptungen, manipulierten Inhalten oder Troll-Kampagnen wird.

Im Zentrum dieser Einstellung steht das Paradox digitaler Recherchen: Wir dürfen erst einmal nichts glauben und niemandem vertrauen, weil nur das uns eine Arbeitsweise ermöglicht, mit der wir freilegen können, was und wem wir vertrauen können. Nur so können wir Ergebnisse recherchieren, denen die Gesellschaft, für die wir arbeiten, vertrauen kann und will."

Du siehst: Die Lage ist kompliziert. Angesichts von Ansätzen wie dem gerade zitierten besteht aber Grund zur Hoffnung! Durch den Einsatz modernster Technologien sowie weiterer Strategien bieten sich innovative Möglichkeiten, um Informationen verlässlicher und das Netz insgesamt sicherer zu machen.[71]

Reflexion:
Wie stark beunruhigen dich Fake News? Bist du selbst schon einmal von einer Meldung getäuscht worden? Welche Gedanken und Gefühle kamen im Anschluss bei dir auf? Gehst du seither anders mit den Medien um?

Trolling, Alarmismus und Hatespeech

Im Vergleich zu den frühen 2000ern hat sich unser Umgang mit dem Internet erheblich verändert. Das gilt für den zeitlichen Umfang wie für die Einsatzbereiche. Diente das Internet in der Anfangszeit vor allem als Informationsquelle und Arbeitsmittel, findet inzwischen ein Teil des Soziallebens online statt. Diese Entwicklung hat sich durch die Corona-Jahre verstärkt und beschleunigt.

Im Vergleich zu den frühen 2000ern hat sich unser Umgang mit dem Internet erheblich verändert.

Teils nutzen wir die sich bietenden Möglichkeiten freiwillig und gerne, etwa um den Kontakt mit Freunden aufrechtzuerhalten. Teils waren oder sind wir dazu gezwungen, etwa durch den (zeitweisen) Umstieg auf Online-Unterricht, Homeoffice, Telemedizin etc. Die meisten dürften nach Ende der Pandemie den „Präsenz-Anteil" wieder hochgefahren haben. Allerdings finden nach wie vor Interaktion und Austausch auch über Online-Plattformen und soziale Medien statt. Diese bieten zahlreiche Vorteile, etwa wenn es darum geht, über große Entfernungen Beziehungen aufrechtzuerhalten, grenzüberschreitend zu kommunizieren und sich mit Menschen auf der ganzen Welt zu vernetzen.

Die Schattenseite: Im Internet hat sich teilweise eine sehr spezielle (Kommunikations-)Kultur herausgebildet. Vieles von dem, was in den sozialen Medien stattfindet, läuft komplett anonym ab, also unter Pseudonymen und Profilen, deren Authentizität nicht nachprüfbar ist. Die Option, anonym zu bleiben, bringt bei einigen Nutzern Seiten zum Vorschein, die sie im echten Leben kaum in dieser Form zeigen würden. Offensichtlich verleitet das anonyme Posten insbesondere zum „Trolling", einem Verhalten, das darauf ausgelegt ist, andere Nutzer zu provozieren und zu täuschen.[72]

TROLLING – WAS IST DAS?

Bezeichnungen wie „Trolling" oder „Internet-Troll" gehen auf die Figur des Trolls, eines kleinen, unberechenbaren Fabelwesens aus der nordischen Mythologie, zurück. Im Netzjargon bezeichnen sie einen Nutzer mit bestimmten Eigenschaften und Verhaltensweisen. Zu diesen zählen:

- Das Abfassen provokanter Nachrichten, ohne dass direkte Beleidigungen ausgesprochen werden. Diese Beiträge sollen provozieren und andere Nutzer weiter anstacheln, sodass die Diskussion schlussendlich eskaliert.
- Harmlosere Beiträge bis hin zu verletzenden und angreifenden Postings, die unter Cybermobbing fallen. Die Grenze ist sehr schmal!
- Verhaltensweisen, die nur durch den Schutz der Anonymität im Internet möglich sind. Es wird beispielsweise provoziert, beleidigt und gepöbelt.
- Beiträge, die gegen die Regeln der jeweiligen Foren und Communities verstoßen.

Je nach Plattform und Moderation werden Trollingbeiträge mit Sanktionen belegt und gebannt. Allerdings ist es für die Opfer von Trolling schwer, effektiv dagegen vorzugehen. Sie können die entsprechenden Beiträge zumeist nur melden und auf Weiterverfolgung durch den Plattformbetreiber hoffen.[73]

Was treibt Menschen dazu an, Trollbeiträge zu verfassen? Offensichtlich sind neben der Anonymität des Internets die eigene Stimmungslage zum Zeitpunkt des Beitrags sowie die generelle Atmosphäre im Forum oder auf der entsprechenden Seite ausschlaggebend. Trolling ist so gesehen ansteckend. Eine Studie[74] kommt zu dem Schluss, dass es sich bei Internet-Trollen keineswegs um eine Minderheit mit speziellen Charakterzügen handelt. Vielmehr sind es ganz „normale"

Nutzer, die sich mitreißen lassen und vor allem dann einsteigen, wenn es bereits zuvor einen Trollkommentar gab.

Warum sind solche Verhaltensweisen gerade im Internet so verbreitet? Grundsätzlich fördert die Anonymität den Online-Enthemmungseffekt. Dieser wurde erstmalig von John Suler, einem der Pioniere der Cyberpsychologie in den USA, beschrieben.[75]

Grundsätzlich unterscheidet John Suler zwischen der benignen, also „gutartigen", und der toxischen Online-Enthemmung. Bei Ersterer profitieren Nutzer von der fehlenden Zurückhaltung im Netz. Die toxische Variante schlägt dagegen in Hassreden und Pöbeleien um. Im Extremfall kommt es zu Shitstorms, bei denen sich, aus dem Schutz der Anonymität heraus, der geballte Hass auf eine Person oder Personengruppe entlädt.[76]

Die Online-Enthemmung kann positiv oder toxisch wirken.

Welche Ausmaße ein solcher Shitstorm annehmen kann und welche gravierenden Auswirkungen er für die Betroffenen hat, zeigt exemplarisch der Prozess gegen Rudy Giuliani, den früheren Bürgermeister von New York. Der ehemalige Verbündete des damaligen US-Präsidenten Donald Trump wurde zu einer Schadensersatzzahlung in Höhe von rund 148 Millionen Dollar verurteilt. Der Grund: Giuliani hatte fälschlicherweise Wahlhelfer bezichtigt, Stimmzettel für Trump weggeworfen und stattdessen gefälschte Zettel für dessen Konkurrenten Joe Biden gezählt zu haben. Zwei der Wahlhelferinnen waren in diesem Zusammenhang auf einem Video zu sehen und wurden so zur Zielscheibe des Hasses, einschließlich persönlicher Bedrohungen und Todeswünschen.[77]

Sicherlich kannst du dir vorstellen, was das für die beiden Frauen bedeutete! Betrachtet man, wie schnell der Beitrag „viral" ging und welche gravierenden Folgen er hatte, ist verständlich, warum bei vielen Sorge besteht, selbst Zielscheibe eines solchen Angriffs zu werden. Zudem beunruhigt der Gedanke, in einer Gesellschaft zu leben, in der anonyme Beschimpfungen, Verleumdungen und sogar Morddrohungen anscheinend für einige ein gängiges Mittel sind, ihrer Meinung Nachdruck zu verleihen.

Destabilisierungsstrategien erkennen

Dieser Zustand ist höchst bedauerlich. Dennoch bleiben dir neutral betrachtet lediglich zwei Optionen für den Umgang mit dieser Ausgangslage: Du kannst die Entwicklungen beklagen. Vielleich bist du sogar der Ansicht, dass das Internet alles schlechter gemacht hat. Das ist absolut legitim. Entsprechend wird sich jedoch deine Gefühlslage gestalten. Möchtest du aus dem Krisenmodus herausfinden, bleibt dir nur, einen Umgang mit dieser Thematik zu finden.

Dazu gehört beispielsweise, sorgsam auszuwählen, auf welchen Plattformen du in welcher Form kommunizierst. Nutzt du die sozialen Medien in größerem Rahmen und bist beispielsweise beruflich darauf angewiesen, sind Notfallpläne sinnvoll, auf die du bei Bedarf sofort zurückgreifen kannst. Zudem solltest du darüber informiert sein, welche Möglichkeiten es gibt, um gegen Trollbeiträge, Beleidigungen etc. vorzugehen. Das bietet dir zwar keine Garantie gegen den Worst Case, bereitet dich aber darauf vor, schlimmstenfalls sofort reagieren zu können.

Notfallpläne bieten keine Garantie gegen den Worst Case, bereiten dich aber darauf vor, schlimmstenfalls sofort reagieren zu können.

Bedauerlicherweise ist der Rahmen dessen, was sich als Betroffener gegen anonyme Angriffe tun lässt, sehr eingeschränkt. Aktuell fehlt es insbesondere an ausreichenden rechtlichen Grundlagen und organisatorischen Strukturen, um Verstöße nachhaltig zu ahnden und Regeln flächendeckend durchzusetzen.[78] Gleiches gilt für Möglichkeiten, um gegen weitere Strategien vorzugehen, die im Internet zunehmend häufig auftreten, darunter etwa Panikmache und Alarmismus.

Ziele dieses Verhaltens sind es, Aufmerksamkeit zu erregen und bestimmte Reaktionen und Verhaltensweisen zu provozieren. Werden diese Taktiken in großem Rahmen eingesetzt, können sie ein generelles Gefühl der Angst und Unsicherheit schüren sowie das Vertrauen in Institutionen untergraben. Daher gilt es, sowohl auf gesellschaftlicher Ebene dagegen vorzugehen als auch für sich selbst die entsprechenden Maßnahmen zu treffen. So grenzt du dich ab und erkennst Panikmache und Alarmismus als gezielte Destabilisierungsstrategie.

Reflexion:
Wie stark empfindest du Phänomene wie Hatespeech, Trolling und Shitstorms als Bedrohung? Beeinflusst dich die Panikmache im Internet? Wenn ja: (Wie) versuchst du, dich dagegen abzugrenzen? Was könntest du darüber hinaus tun? Wo benötigst du Unterstützung und neue Strategien?

Herzlichen Glückwunsch! Du hast die erste Etappe unserer Reise gemeistert! Wir haben uns die Rahmenbedingungen genauer angesehen, die dazu beitragen, das Krisenempfinden zu verstärken und aufrechtzuerhalten. Wenn du die vorgeschlagenen Reflexionen mitgemacht hast, konntest du zudem viel über deine eigenen Reaktionen lernen.

Letztere, also deine individuellen Reaktionen, werden wir nun genauer betrachten. Im folgenden Kapitel geht es um die Frage, wo genau du gerade stehst und was du tun kannst, um Krisenstimmung und Panikmodus effektiv zu begegnen.

BESTANDSAUFNAHME: WIE GEHT ES DIR?

Auf der zweiten Etappe geht es vor allem darum, wie du persönlich deine Situation wahrnimmst und wie es dir damit geht. Dabei ist zunächst einzig und allein dein Empfinden ausschlaggebend. In einem zweiten Schritt kannst du effektiv gegen Krisenstimmung und Panikmodus vorgehen.

Sich selbst einschätzen

Bei der ersten Selbsteinschätzung geht es ausschließlich um dich und deine Reaktionen, wertungsfrei und ungefiltert. Mit anderen Worten, es ist egal, ob andere (oder du selbst) einzelne Reaktionen als übertrieben empfinden oder ob Sätze fallen wie „Da brauchst du eben ein dickeres Fell“ oder „Lass die Dinge halt nicht so nah an dich ran“. Schalte bei den nachfolgenden Fragen und Reflexionen deshalb deinen „inneren Kritiker“ auf stumm und nimm das wahr, was für dich persönlich gerade präsent ist und dich besorgt, belastet oder in Krisenstimmung versetzt.

Das eigene Befinden ernst nehmen

„Wie geht es dir?“ Diese Frage hast du in der vergangenen Woche vermutlich mehrfach gehört. Wann hast du sie zuletzt ehrlich beantwortet? Im normalen Alltag wahrscheinlich nicht. Das ist durchaus vernünftig! Denn in den meisten Situationen handelt es sich lediglich um eine Floskel und die meisten deiner Gesprächspartner dürften irritiert reagieren, wenn du ihnen eine detaillierte Auskunft über deinen momentanen Gefühlszustand gibst.

Das, worauf die Frage wörtlich genommen abzielt, ist allerdings alles andere als banal, und es ist schade, dass wir unserem (Wohl-)Befinden im Alltag oft so wenig Aufmerksamkeit zukommen lassen. Wenn ich dich jetzt also bitte, die Frage, wie es dir geht, ehrlich zu beantworten, stellst du vielleicht erst fest, dass du eigentlich gerade so im Stress bist, dass du gar nicht mehr weißt, wie es dir tatsächlich geht, wie „gut“ oder „schlecht“ es konkret ist und wo genau es hakt. Möglicherweise merkst du auch erst jetzt, nach diesem kurzen Moment des Innehaltens und In-dich-Hineinspürens, dass du müder bist als gedacht, die verspannte Schulter stärker zieht, als dir lieb wäre oder es schon ziemlich lange her ist, dass du dich voller Energie und Lebensfreude gefühlt hast.

Es ist schade, dass wir unserem (Wohl-)Befinden im Alltag oft so wenig Aufmerksamkeit zukommen lassen.

Zu einem gewissen Grad ist es nachvollziehbar und mitunter notwendig, derartige Empfindungen ein Stück weit auszublenden, um im Alltag zu „funktionieren“. Allerdings tun wir dann genau das: funktionieren. Lebensfreude und Zufriedenheit sehen anders aus! Ignorierst du permanent, dass es dir eigentlich nicht so unheimlich gut geht, verdrängst beständig kleinere wie größere Probleme und gehst über erste physische Symptome hinweg, werden die Warnhinweise deines Körpers irgendwann immer vehementer ausfallen. Irgendwann bremsen sie dich vielleicht komplett aus. Schenke diesen Signalen deshalb Beachtung, egal, ob es sich um körperliche oder emotionale Reaktionen handelt.

Damit auch zurück zur Ausgangsfrage: Wie geht es dir? Nimm dir, wenn du es nicht schon getan hast, einen Moment Zeit und beantworte die Frage ehrlich. Mach dir anschließend stichpunktartig einige Notizen zu deinen Gedanken und Beobachtungen.

Wie fällt dein Ergebnis aus? Falls du zu dem Schluss kommst: „Eigentlich passt es im Großen und Ganzen schon noch“: Perfekt, dann helfen dir die Tipps im Folgenden, diese Balance aufrechtzuerhalten und zu stärken! Wenn du dagegen feststellst, dass es dir gerade weniger bis gar nicht gut geht, hast du jetzt die Gelegenheit, genauer hinzusehen und auf dieser Basis über das weitere Vorgehen zu entscheiden.

STATUS QUO UND BASELINE

In den vorherigen Übungen habe ich dir empfohlen, deine Gedanken und Eindrücke kurz zu notieren. Warum? Eine solche „Fixierung" ist wichtig, weil du nur so Veränderungen feststellen kannst. Möchtest du eine Entwicklung über längere Zeiträume hinweg verfolgen, benötigst du eine „Baseline", also einen initialen Zustand, von dem du ausgehst. Anhand dieser Richtschnur kannst du feststellen, ob sich die Dinge im Vergleich verbessert haben, gleich geblieben sind oder sich verschlechtert haben. So siehst du, ob du grundsätzlich auf dem richtigen Weg bist oder ob du eine Kurskorrektur vornehmen solltest.

Erste Warnhinweise und eindeutige Alarmzeichen

Unter Umständen bist du in der vorherigen Übung zu dem Schluss gekommen, dass der Punkt erreicht ist, an dem du etwas ändern musst, um den Krisenmodus zu verlassen und wieder mehr Balance, Mut und Freude zu gewinnen. Wie dringend der Handlungsbedarf ist, kannst letztendlich nur du selbst einschätzen. Andere Menschen können dir zwar Empfehlungen und Ratschläge geben, sie wissen aber nicht, wie es in dir wirklich aussieht.

Die Einschätzung von außen ist vor allem dann schwierig, wenn du dazu neigst, die Dinge herunterzuspielen. Von außen lässt sich dann kaum erkennen, wie groß der Aufruhr in deinem Inneren ist. Hast du zum Beispiel deine Mimik sehr gut unter Kontrolle, deuten andere dein Lächeln vielleicht als Zeichen echter Freude, obwohl du es gerade nutzt, um deine wahren Gefühle zu maskieren. Ebenso können die von dir gewählten Formulierungen für andere irreführend sein und sie glauben lassen, dir ginge es viel besser oder viel schlechter, als es tatsächlich der Fall ist.

Ich selbst kenne beispielsweise Menschen, die kurzzeitig alles besch*** finden und das mehr als deutlich zum Ausdruck bringen. Diese Haltung schlägt jedoch ebenso schnell wieder ins Gegenteil um. Von daher weiß ich, dass in der Regel kein akuter Handlungs- oder Unterstützungsbedarf besteht, sondern es eher um ein kurzes „Auskotzen“ mit einem kathartischen Effekt geht. In solchen Fällen kann man die Dinge getrost laufen lassen! Bei anderen Menschen werde ich dagegen bereits hellhörig, wenn sie Aussagen treffen wie „Gerade reicht es schon ziemlich“ oder „So furchtbar gut geht es mir nicht“. Bei ihnen sind diese Formulierungen ein Hinweis darauf, dass gerade wirklich etwas im Argen liegt! Wie es wirklich um deine Situation bestellt ist, kannst deshalb nur du selbst verlässlich sagen. Achte daher vor allem auf deine Empfindungen sowie deine körperlichen und emotionalen Reaktionen, anstatt dich auf die Formulierungen zu beschränken, die du wählst, um diesen Zustand zum Ausdruck zu bringen.

Wie es wirklich um deine Situation bestellt ist, kannst nur du verlässlich sagen.

Für mich bei diesem Schritt besonders wichtig: Bei der Bewertung deiner Situation letztlich ausschlaggebend ist die Frage, wie sich die Lage subjektiv für dich gestaltet und wie du sie empfindest. Blende deshalb für den Moment aus, was andere zu dir sagen und welchen Leitsätzen du sonst folgst, etwa „Zähne zusammenbeißen“ oder „Augen zu und durch“. Sicherlich: Eine objektive Einschätzung der Dinge ist grundsätzlich sinnvoll. Sie hilft dir allerdings wenig weiter, wenn es dir trotzdem bescheiden geht, obwohl alles ja „eigentlich gar nicht so schlimm ist“ oder „man damit doch zurechtkommen müsste“.

Deine subjektive Wahrnehmung hat in solchen Phasen ihre Berechtigung und du „darfst“ bereits dann aktiv werden, wenn es „noch irgendwie funktioniert“ und es dir noch nicht so schlecht geht, dass du wirklich dringendst Hilfe benötigst. Bei wiederholten Rückenschmerzen würdest du schließlich auch nicht darauf warten, dass endlich ein Bandscheibenvorfall daraus wird, bevor du zum Arzt oder Physiotherapeuten gehst!

Eigentlich sollte es selbstverständlich sein, im psychischen Bereich genauso zu handeln. Dennoch weiß ich aus meiner Erfahrung, dass nach wie vor viele Menschen bei emotionalen Belastungen lange zögern und sich Fragen stellen wie „Ist das, was ich erlebe, wirklich schon schlimm genug?“, „Müsste ich das nicht einfach nur besser abkönnen?“, „Darf ich damit überhaupt einen Therapeuten oder Arzt belästigen?“ An dieser Stelle ein klares Ja: Wenn es dir (subjektiv) schlecht geht, dann ist das nicht nur ein legitimer, sondern sogar ein höchst sinnvoller Weg.

Falls bei der anschließenden Beratung herauskommt, dass du keine therapeutische Behandlung benötigst: umso besser! Im schlimmsten Fall hast du dann eine Stunde Zeit „verschwendet“, diese wird dir aber (hoffentlich!) niemand zum Vorwurf machen. Zeigt sich dagegen, dass Unterstützung sinnvoll ist, lohnt sich deine Entscheidung umso mehr, denn je früher du tätig wirst, desto schneller gelingt es in der Regel, die Dinge zurück in eine stabilere Bahn zu lenken.

Was viele Menschen zusätzlich zögern lässt: Psychische Belastungen und die damit einhergehenden Symptome zeigen sich oft in wechselnden Formen und schwanken im zeitlichen Verlauf. Möglicherweise befindest du dich gerade auch in einer Art Zwischenzustand. Deine Stimmung ist also nie komplett und dauerhaft schlecht, aber auch selten richtig gut. Keines der Symptome, das du wahrnimmst, ist besonders ausgeprägt und führt zu einem „echten“ Krankheitsgefühl. Trotzdem hat die Summe all dessen, was auf dich einprasselt, ein latent ungutes Gefühl zur Folge.

Psychische Belastungen zeigen sich oft in wechselnden Formen und schwanken im zeitlichen Verlauf.

Dieses kann sich etwa darin zeigen, dass du häufig gereizt, genervt, niedergeschlagen, deprimiert, frustriert, besorgt, unruhig und nervös bist. Diese Zustände wechseln jedoch regelmäßig ab, keine dieser Stimmung ist von wirklich langer Dauer. Zudem beeinträchtigen sie „nur“ deine Stimmung, du bist also nach wie vor in der Lage zu funktionieren und den Alltag zu meistern. In diesen Fällen gilt es, abzuwägen. Realistisch betrachtet treten in jedem Leben Höhen und Tiefen auf. Einzelne Phasen mit gedrückter oder angespannter Stimmung sind normal. Halten diese allerdings zunehmend länger an, folgen immer schneller aufeinander oder werden intensiver, ist der Zeitpunkt gekommen, genauer hinzusehen.

Das gilt umso mehr, als sich zu den jeweiligen Stimmungslagen mit der Zeit häufig körperliche Symptome hinzugesellen. Vielleicht bringst du diese anfangs gar nicht mit deinen emotionalen Reaktionen in Verbindung. Das Zusammenspiel zwischen Psyche und Körper wird häufig unterschätzt! Vielfach haben jedoch gerade

Phänomene wie Schmerzen und Verspannungen eine deutliche psychische Komponente. Wenn du also feststellst, dass dein Befinden in der letzten Zeit eher schlecht war oder es schon lange her ist, dass du dich wirklich wohlgefühlt hast, dann wirf einen genaueren Blick auf die Situation.

Checkliste: Worauf du achten kannst

Die nachfolgenden Fragen geben dir erste Hinweise, worauf es sich zu achten lohnt:

- **Schlaf:** Fühlst du dich morgens beim Aufstehen erholt? Schläfst du abends rasch ein oder liegst du lange grübelnd wach? Schläfst du durch oder wachst du während der Nacht (mehrfach) auf? Schläfst du bis zum nächsten Morgen oder erwachst du schon lange bevor der Wecker klingelt?
- **Energielevel:** Hast du ausreichend Kraft und Energie, um deinen Alltag zu meistern, oder fühlst du dich oft abgeschlagen und erschöpft?
- **Stimmung und Antrieb:** Bist du grundsätzlich ausgeglichen und hast Freude an Unternehmungen? Oder fällt dir alles zunehmend schwer und du hast sogar Mühe, dich zu Aktivitäten zu motivieren, die dir sonst Spaß machen?
- **Freizeitverhalten:** Verbringst du regelmäßig Zeit mit angenehmen Aktivitäten oder ist Freizeit inzwischen fast ein Fremdwort für dich? Hast du den Eindruck, nur noch zu rotieren, um deinen Aufgaben irgendwie gerecht zu werden?
- **Ängste und Sorgen:** Erlebst du regelmäßig Phasen der Unbeschwertheit oder fühlst du dich dauerhaft besorgt, unruhig oder eingeschüchtert? Fällt es dir schwer, diese Ängste zwischenzeitlich auszublenden und verfolgen sie dich zum Beispiel bis in den Schlaf? Hast du Angst vor der Zukunft oder siehst du ihr mit Optimismus entgegen?

- **Selbstbild:** Bist du grundsätzlich mit dir selbst zufrieden oder kämpfst du regelmäßig mit Selbstzweifeln oder Schuldgefühlen?
- **Stresssymptome:** „Überreagierst" du häufig? Fühlst du dich bereits in Situationen gestresst, in denen es objektiv betrachtet keinen Grund dazu gäbe? Platzt dir sogar bei Kleinigkeiten sofort der Kragen und stellst du fest, zunehmend dünnhäutig zu werden?
- **Schmerzen und Verspannungen:** Kämpfst du häufig mit Verspannungen, etwa im Schulter- und Nackenbereich sowie in der Hüfte oder den Waden? Leidest du unter Spannungskopfschmerzen? Meldet sich dein unterer Rücken wiederholt? Hast du regelmäßig das Gefühl von Muskelkater in einzelnen Körperpartien, obwohl du nicht trainiert oder dich anderweitig körperlich betätigt hast?

Wichtig: Das eine oder andere Symptom wirst du sicherlich gelegentlich feststellen. Jeder von uns schläft manchmal schlecht, ist ausgepowert oder fühlt sich genervt. Das ist vollkommen normal! Handlungsbedarf besteht vor allem dann, wenn derartige Symptome länger andauern und dich belasten. Dann solltest du genauer abklären, wo sie herkommen, ob ihnen also eine somatische Ursache zugrunde liegt, ob es sich um eine psychische Stressreaktion handelt oder ob beide Aspekte zusammenspielen – Letzteres ist zumindest ab einer gewissen Intensität wahrscheinlich!

Handlungsbedarf besteht vor allem dann, wenn Symptome länger andauern und dich belasten.

Achtung: Die aufgelisteten Fragen liefern dir erste Hinweise, worauf du achten solltest. Sie ließen sich durch zahlreiche weitere Phänomene ergänzen, wie etwa Magenprobleme, Kreislaufbeschwerden und Ohrgeräusche. Stellst du solche Veränderungen fest und halten sie länger an oder fallen sehr intensiv aus, dann ist ein entsprechend qualifizierter Experte der beste Ansprechpartner!

Objektive Testmöglichkeiten

Die bisherigen Überlegungen und Übungen haben auf deine subjektive Wahrnehmung abgezielt. Dieser kommt große Bedeutung zu. Parallel dazu ist es mitunter hilfreich, die subjektive Einschätzung durch eine objektivere Bewertung zu ergänzen. Bei der Psyche ist das allerdings komplizierter als bei körperlichen Symptomen. Bei ihnen fällt die Einordnung meist leichter. Ein klarer Hinweis ist beispielsweise der Schmerz. Schmerz wird individuell zwar unterschiedlich wahrgenommen, du kannst aber zumindest sagen, ob etwas wehtut oder nicht. Gleiches gilt im körperlichen Bereich für die Funktion: Du weißt etwa, ob du mit dem Fuß noch auftreten kannst, wie weit sich der Arm heben lässt etc.

Es ist hilfreich, deine subjektive Einschätzung durch eine objektivere Bewertung zu ergänzen.

Anders verhält es sich mit der Psyche: Wie genau fühlt sich „gut drauf“ oder „nicht so gut drauf“ an? Wann ist das Maß bei „schlecht drauf“ überschritten und wie viel Antriebslosigkeit, Energiemangel, düstere Gedanken, Gereiztheit und Frustration sind „zu“ viel? Bei diesen Fragen musst du dich weitaus stärker auf deine persönliche Wahrnehmung verlassen, anstatt auf Messwerte und Kennzahlen zurückzugreifen.

Dennoch gab und gibt es in der Psychologie die Bemühung, Empfindungen, Stimmungslagen und Gefühlszustände abbildbar zu machen, um so ein objektiveres Bild zu erhalten. Die genaue Analyse und Auswertung sollte durch einen Experten erfolgen. Zur ersten Orientierung kannst du auf bestehende, geprüfte Tests zurückgreifen und sie für eine Ersteinschätzung nutzen. Sei dir dabei allerdings bewusst, dass solche Tests nur einen Teil des Gesamtbilds zeigen und sich daraus lediglich eine Handlungsoption ableiten lässt. Diese sollte unbedingt durch eine fundierte Diagnose ergänzt werden.

Bei der Auswahl der Testverfahren bietet sich dir im Internet eine schier unendliche Fülle an Möglichkeiten. Als Laie ist es deshalb schwer zu erkennen, welche Tests verlässlich sind und welche eher zweifelhafte Ergebnisse liefern. Falls du keine Empfehlung von einer Fachperson hast, gibt es einige Anhaltspunkte, wie du die Verlässlichkeit eines Tests einschätzen kannst. Zu den Qualitätskriterien zählen etwa der Herausgeber oder die Quelle des Tests sowie die Frage, ob der Test bestimmte Standards erfüllt. Am verlässlichsten sind psychologische Tests, die von Experten erstellt und geprüft sind.[79] Davon gibt es inzwischen eine große Zahl. Sie decken so gut wie alle zentralen psychologischen Problemstellungen und Krankheitsbilder ab.

Am verlässlichsten sind psychologische Tests, die von Experten erstellt und geprüft sind.

Exemplarisch möchte ich dir vier Tests vorstellen, die das allgemeine Wohlbefinden und die generelle Stressbelastung abfragen. Nutze sie, wenn du möchtest, zur Ersteinschätzung und lass dich bei Bedarf weitergehend beraten!

- Ein sehr kurzer, aber dennoch effektiver Selbsttest ist der WHO-5 Fragebogen zum Wohlbefinden, der von der Weltgesundheitsorganisation entwickelt wurde. Mit insgesamt fünf Fragen bietet er dir eine rasche Ersteinschätzung und eignet sich beispielsweise für das initiale Screening von Depressionen.[80]
- Ebenso knapp gehalten ist der PHQ-4, die Ultrakurzform des Gesundheitsfragebogens für Patienten (PHQ-D). Mit nur vier Fragen vermittelt er einen ersten Eindruck von der Belastung durch Angst und Depressionen.[81]
- Deutlich umfassender gestaltet sich der Symptom-Checklist-90-Standard (SCL-90-S). Er gehört zu den am häufigsten eingesetzten Testverfahren zur Selbstbeurteilung der psychischen Belastung. In diesem Test geht es vor allem um die subjektive Beeinträchtigung durch körperliche und psychische Symptome.[82]

- In eine ähnliche Richtung geht das Stress- und Coping-Inventar (SCI). Das SCI ist ein validiertes Instrument und gibt dir Aufschlüsse über die aktuell wahrgenommene Stressbelastung sowie deine Bewältigungsstrategien.[83]

Wie gesagt: Darüber hinaus existieren viele weitere Tests und Verfahren – dein Arzt und Therapeut berät dich, was sinnvoll für dich ist und unterstützt dich bei der Auswertung!

Formen von Hilfe und wo du sie findest

Wenn du für dich zu dem Schluss gekommen bist, dass Unterstützung sinnvoll ist, stellt sich als nächste Frage: Wo bekommst du diese Unterstützung her und wie kann diese aussehen?

Gleich vorneweg: Die Entscheidung, selbst aktiv zu werden und Hilfe zu organisieren, ist ein großer und wichtiger Schritt. Nur so ist Veränderung möglich. Leider erhält die anfängliche Motivation mitunter einen Dämpfer, wenn es an die Umsetzung geht. Der tatsächliche Start zieht sich teilweise einige Zeit hin, etwa dann, wenn lange Wartelisten existieren, das Angebot dort, wo du lebst, sehr gering ist oder die Kapazitäten ausgeschöpft sind. Dann gestaltet sich die Suche nach geeigneten Unterstützern zeit- und energieraubend.

Etwas abmildern lässt sich diese Problematik, indem du Familienmitglieder oder einige sehr gute Freunde ins Boot holst. Sie können beispielsweise gemeinsam mit dir Adressen und Ansprechpartner heraussuchen und Formulare ausfüllen. Das wirkt gerade dann entlastend, wenn du das Gefühl hast, von der Papierflut förmlich erschlagen zu werden.

Angehörige und Freundeskreis können helfen, Wartezeiten für Facharzt- und Therapietermine zu überbrücken.

Angehörige und der Freundeskreis helfen ebenso, Wartezeiten für Facharzt- und Therapietermine zu überbrücken. Ein offenes Ohr und das Gefühl, dass du mit der Problematik nicht allein dastehst, bringen deine Probleme zwar nicht zum Verschwinden, aber machen sie erträglicher.

Geht es um Termine bei Fachärzten, musst du dich meist auf eine gewisse Wartezeit einstellen. Lass dich davon nicht entmutigen oder gar abhalten! Eine gute erste und meist schneller verfügbare Anlaufstelle ist dein Hausarzt oder deine Hausärztin. Sie können abklären, ob deinen Beschwerden eine (zusätzliche) körperliche Ursache zugrunde liegt, und dich auf Basis dieser Einschätzung bei Bedarf entsprechend weiterleiten.

Weitere mögliche Anlaufstellen sind psychologische Beratungsstellen, die von unterschiedlichen Trägern angeboten werden, darunter Studierendenwerke und kirchliche Einrichtungen wie die Diakonie. Häufig ist die von ihnen angebotene Erstberatung sogar kostenlos. Die dort tätigen Experten bieten in der Regel zwar keine umfassende Therapie, sind aber entsprechend qualifiziert und unterliegen der Schweigepflicht.

Jederzeit verfügbar, anonym und kostenlos ist darüber hinaus die Telefonseelsorge. Du erreichst sie rund um die Uhr. Alle Informationen und Kontaktdaten findest du unter www.telefonseelsorge.de. Falls du davor zurückscheust, mit einem Fremden direkt über deine Probleme zu sprechen: Die Telefonseelsorge bietet inzwischen sogar einen Online-Chat.

Befindest du oder eine Person in deinem Umfeld sich in einer akuten psychischen Krise, sind die psychiatrischen Ambulanzen, der sozialpsychiatrische Dienst und der ärztliche (psychiatrische) Bereitschaftsdienst, den du bundesweit unter der Telefonnummer 116 117 erreichst, die richtigen Ansprechpartner. In ganz akuten Notfällen – sowohl bei dir als auch bei anderen – kannst du jederzeit die Polizei oder den Rettungsdienst kontaktieren.

Therapeuten oder Freundeskreis und Familie?

Glücklicherweise sind die hochakuten Notfälle eher selten. Dennoch wirken sich selbst kleinere Krisen merklich auf dein Befinden aus und sollten ernst genommen werden. Meist ist es sinnvoll, auf eine Kombination von Unterstützern zu setzen, das heißt, professionelle Beratung in Anspruch zu nehmen und auf die Ressource „Freunde und Familie“ zurückzugreifen.

Auch kleinere Krisen wirken sich auf dein Befinden aus und sollten ernst genommen werden.

Bei Freunden und Familienmitgliedern handelt es sich in der Regel zwar um keine ausgebildeten Therapeuten, trotzdem können sie erheblich zu deinem Wohlbefinden beitragen, etwa durch:

- **Gespräche:** Sprich, wenn dir danach ist, mit anderen Menschen! So wirst du mentalen Ballast los. Gleichzeitig schaffst du eine gewisse Distanz und lenkst dich ab. Das funktioniert besonders gut, wenn ihr das Thema „Gesundheit“ oder „Krisen“ eine Zeit lang ausblendet und über ganz andere Dinge sprecht.
- **Gemeinschaft:** Das Gefühl, Unterstützung zu haben und die Situation gemeinsam zu meistern, trägt dazu bei, Ängste und Sorgen abzubauen.
- **Organisatorische Hilfe:** Dir wächst gerade alles über den Kopf? Ein zweites Paar Augen (oder Hände) bringt Struktur ins Chaos und ordnet die Dinge.
- **(Gegenseitige) Unterstützung im Alltag:** Kochen, Haushalt, Kinder abholen, Erledigungen, Einkäufe etc. – in Summe wird dir alles gerade zu viel? Gegenseitige Hilfe bei einzelnen Aufgaben kann zu einer Win-Win-Situation werden.

- **Atempausen:** Vereinbart feste Zeiten, in denen ihr euch eine bewusste Auszeit vom Alltag gönnt. Das muss nicht kompliziert oder aufwändig sein! Eine Kurzauszeit kann bereits darin bestehen, gemeinsam eine Tasse Tee oder Kaffee zu trinken und sich schweigend einen Moment zu entspannen.

Du siehst: Andere Menschen tragen erheblich dazu bei, deine Umgebung angenehm und positiv zu gestalten. Das ist ein bedeutender Aspekt. Dennoch hat diese Form der Unterstützung ihre Grenzen. Beachte deshalb:

- Leidest du unter stärkeren Symptomen, braucht es mehr als „nur“ ein gutes Umfeld. In der Regel ist dann die zusätzliche (therapeutische) Unterstützung durch Experten gefragt.
- Familienmitglieder und Freunde sind zumeist keine Ärzte oder Therapeuten. Selbst wenn sie es sind, begegnen sie dir nicht ausschließlich in ihrer professionellen Rolle, wie es in einer therapeutischen Beziehung der Fall wäre. Berücksichtige das! Irgendwann geraten die dir nahestehenden Personen sonst selbst an ihre Grenzen oder es kommt zu Konflikten. Diese entstehen etwa dann, wenn die bewusste oder unbewusste Erwartung besteht, dass die anderen permanent auf dich Rücksicht nehmen sollen oder idealerweise 24/7 zur Verfügung stehen. Bemüht euch deshalb, offen miteinander zu sprechen und den Bedürfnissen beider Seiten gerecht zu werden.

Therapeutensuche: Die Chemie muss stimmen

Die zweite Säule der Unterstützung: professionelle Expertenhilfe. Wie organisierst du sie und worauf gilt es zu achten? Grundsätzlich besteht ein Unterschied zwischen Therapie und (psychologischem) Coaching. Während der Begriff Coaching nicht geschützt ist und Coaching somit grundsätzlich von jedem angeboten werden darf, setzt Therapie eine Heilerlaubnis voraus. In Deutschland dürfen folgende Berufsgruppen Psychotherapie anbieten:

- psychologische Psychotherapeuten
- Ärzte und Ärztinnen mit psychotherapeutischer Facharztausbildung oder Weiterbildung in Psychotherapie
- Kinder- und Jugendlichenpsychotherapeutinnen
- Therapeuten mit Psychotherapie-Erlaubnis nach dem Heilpraktikergesetz

Die Anforderungen an die jeweiligen Ausbildungen und Abschlüsse unterscheiden sich. Entsprechend ist die Behandlung bestimmter Diagnosen einzelnen Berufsgruppen vorbehalten. Psychopharmaka und andere Medikamente dürfen beispielsweise nur Ärzte verordnen. Hinzu kommen Unterschiede bei der Kostenübernahme durch die Krankenkassen. Informiere dich dazu am besten direkt bei deiner Versicherung!

Geht es um die Wahl eines konkreten Therapeuten oder einer Therapeutin, bieten sich dir unterschiedliche Optionen bei der inhaltlichen Ausrichtung. In Deutschland existieren aktuell vier sogenannte Richtlinienverfahren. Die Kosten dafür werden von den Krankenkassen übernommen. Es handelt sich dabei um:

- systemische Therapie
- Verhaltenstherapie
- tiefenpsychologisch fundierte Psychotherapie
- und analytische Psychotherapie

Darüber hinaus gibt es zahlreiche weitere Therapierichtungen. Die Tatsache, dass sie (noch) nicht als Richtlinienverfahren anerkannt sind, bedeutet nicht zwangsläufig, dass sie wirkungslos oder gar potenziell schädlich sind. Allerdings ist die Bandbreite so groß, dass sich hierzu keine allgemeingültige Aussage treffen lässt. Lass dich deshalb bei Bedarf beraten.

So verläuft eine Therapie erfolgreich

Unabhängig von der gewählten Richtung und beruflichen Ausrichtung deines Therapeuten: Worauf es immer ankommt, ist die Chemie zwischen euch beiden. Fühlst du dich mit einer Person wohl, hast das Gefühl, frei reden zu können und verstanden zu werden, ist das ein bedeutender Baustein für eine tragfähige Beziehung.

Fühlst du dich mit einem Therapeuten oder einer Therapeutin wohl, ist das ein bedeutender Baustein für eine tragfähige Beziehung.

Ebenso solltest du dir im Klaren darüber sein, welche Schritte im Rahmen der Therapie geplant sind, und regelmäßig die Gelegenheit haben, über den Therapieverlauf zu sprechen. Das schließt die Möglichkeit ein, entsprechendes Feedback zu geben, wenn du den Eindruck hast, mit einem Ansatz schlecht zurechtzukommen oder keinerlei Fortschritte zu beobachten. Gleiches gilt für den Sinn hinter einzelnen Interventionen: Hast du das Gefühl, zu Maßnahmen gedrängt zu werden, die dir nicht guttun, wirkt das einer vertrauensvollen Zusammenarbeit entgegen. Das bedeutet nicht, dass du grundsätzlich alles infrage stellen und Unangenehmes komplett ablehnen solltest.

Warum braucht es die Bereitschaft, sich bestimmten Dingen zu stellen? Eine Psychotherapie bedeutet, dass du dich auch mit unangenehmen oder belastenden Empfindungen und Emotionen auseinandersetzt. Herauszufinden, was genau sie hervorruft und warum sie dich belasten, ist ein notwendiger Teil des Prozesses. Nur so lernst du, mit ihnen umzugehen, anstatt sie zu verdrängen. Dennoch solltest du stets wissen, was das Ziel hinter einer Maßnahme ist und wie du die auftretenden Reaktionen bewerten kannst. Diese Transparenz hilft dir, auch dann weiterzumachen, wenn es zwischenzeitlich anstrengend oder mühsam ist. Zudem könnt ihr auf diese Weise gemeinsam abklären, ob die eingeschlagene Richtung für dich die richtige ist oder ob es besser wäre, eine andere Methode auszuprobieren und den Plan entsprechend anzupassen.

Ein weiterer kurzer Hinweis zur „Chemie“: Eine Grundsympathie sollte von Anfang an gegeben sein. Die weitere Beziehung muss wachsen. Vielleicht ist es dir am Anfang unangenehm, über deine Gedanken, Emotionen und Empfindungen zu sprechen. Das ist verständlich und normal! Schließlich ist dein Gegenüber zunächst eine fremde Person für dich. Wie in jeder Art von zwischenmenschlicher Beziehung braucht es eine Phase des gegenseitigen Kennenlernens und „Eingroovens“.

Eine Grundsympathie sollte im Therapieverhältnis von Anfang an gegeben sein.

Diese Zeit ist jedoch bestens investiert! Studien zeigen, dass eine gute Verbindung zwischen Klient und Therapeut ein positives Therapieergebnis befördert. Dies gilt übrigens über diverse therapeutische Richtungen und Schulen hinweg![84]

Zusammenfassend lässt sich sagen, dass für den Therapieerfolg vor allem drei Aspekte von Bedeutung sind, nämlich eine gute Zusammenarbeit, eine vertrauensvolle Beziehung zwischen dir und deinem Therapeuten und eure Fähigkeit, euch auf Behandlungsziele und -aufgaben zu einigen. Alle drei Aspekte werden durch transparente Kommunikation gestärkt. Diese beinhaltet wie gesagt, dass du in regelmäßigen Abständen den Therapiefortschritt mit deinem Therapeuten besprichst und dabei ebenso Dinge thematisiert werden, die weniger gut laufen.[85]

Ist eine solche belastbare Grundlage hergestellt, sind die bestmöglichen Rahmenbedingungen für einen erfolgreichen Therapieverlauf geschaffen. Laut Professor John Norcross von der Universität von Sacramento ist die therapeutische Beziehung sogar ebenso wirkmächtig, wenn nicht stärker, als die angewandte Methode.[86]

Was du selbst beitragen kannst

Über mögliche Helfer haben wir bereits gesprochen. Die zweite Frage, die sich stellt und die mindestens genauso wichtig ist: Was konkret kannst du tun? Dein Entschluss, überhaupt etwas zu verändern, ist ein bedeutender erster Schritt. Entscheidest du dich dafür, ein Coaching oder eine Therapie zu beginnen, erhältst du den Plan für den weiteren Verlauf von deiner Ärztin oder deinem Therapeuten. Darin enthalten sind unter Umständen medikamentöse Unterstützung sowie Verfahren aus der Psychotherapie wie beispielsweise verhaltens-, systemtherapeutische und psychoanalytische Ansätze und Interventionen. Diese unterscheiden sich von Fall zu Fall und werden individuell auf deine Situation angepasst.

Was sich begleitend dazu so gut wie immer lohnt: Stressreduktion, Stabilisierung und Selbstregulation. Diese Punkte sind schon präventiv höchst sinnvoll und effektiv. Deshalb ist es grundsätzlich eine gute Idee, ihnen Beachtung zu schenken. Hinzu kommt: Hast du die entsprechenden Verfahren einmal gelernt, kannst du sie deutlich leichter auch in Krisenzeiten einsetzen und von ihnen profitieren.

Techniken zum Stressabbau lohnen sich, Coaching- oder therapiebegleitend so gut wie immer.

Geht es um Selbstregulation und Spannungsabbau, hast du generell die Wahl zwischen zwei Ansatzpunkten. Es geht einmal „top-down“, also vom Gehirn zum Körper, und einmal „bottom-up“, vom Körper zum Gehirn. Wie sehen solche Interventionen aus und wann sind sie am besten geeignet? Darum geht es im nächsten Abschnitt unserer Reise, in den wir jetzt gemeinsam starten!

AKTIV GEGEN DIE KRISENSTIMMUNG

Egal, in welcher Lage du dich gerade befindest: Was kannst du dazu beitragen, um Krisenmodus und Panikstimmung zu beenden und stattdessen zu Mut, Optimismus und Lebensfreude zurückzufinden? Effektive Strategien lernst du in diesem Kapitel kennen.

Drei Stellschrauben für mehr Optimismus

Mit den aktuellen Rahmenbedingungen musst du dich zu einem gewissen Grad arrangieren, so nervig, frustrierend und beängstigend das sein kann. Worauf du dagegen erheblich mehr Einfluss hast: deinen Umgang mit den Ereignissen und deine Reaktionen darauf. Hier ist viel Veränderung möglich! Manche dieser Veränderungen brauchen etwas Zeit, etwa dann, wenn es darum geht, neue Gewohnheiten zu etablieren. Andere Maßnahmen wirken dagegen deutlich schneller und du stellst vielleicht schon beim ersten Ausprobieren einen Effekt fest. Am besten kombinierst deshalb du beides, also kurzfristige Maßnahmen zur Soforthilfe und Langfristiges, das darauf abzielt, eine stabile Grundlage für Balance und Ausgeglichenheit zu schaffen.

Am besten kombinierst du kurzfristige Maßnahmen zur Soforthilfe und langfristige Elemente.

Grundsätzlich bietet sich dir bei diesem Vorhaben eine schier unendliche Zahl an Möglichkeiten und Optionen. Was für dich besonders gut funktioniert, hängt von deinen persönlichen Präferenzen und Bedürfnissen ab. Mein Credo: Irgendetwas lässt sich für jeden finden, manchmal muss man nur etwas länger danach suchen. Lass dich daher nicht abschrecken, wenn einige der „großen" und etablierten Methoden für dich nicht funktionieren. Es gibt so viele mögliche Alternativen und Variationen, dass darunter sicherlich auch für dich das Passende dabei ist!

Die Dinge aktiv beeinflussen

Um dir den Einstieg ins Experimentieren und Ausprobieren zu erleichtern, habe ich meine Vorschläge in insgesamt drei „Stellschrauben" gegliedert. Warum Stellschrauben? Der Fokus liegt darauf, wo du selbst aktiv werden und etwas „drehen", sprich die Dinge aktiv beeinflussen kannst. Für jedes der drei Felder stelle ich dir exemplarisch einige Maßnahmen vor. Wähle das aus, was dich am meisten anspricht! Selbstverständlich kannst du ebenso Teile daraus verwenden oder die Vorschläge um das ergänzen, was du bereits kennst und praktizierst. So kreierst du Schritt für Schritt dein ganz persönliches Anti-Krisen-Programm.

Individualität ist wichtig: Kreiere Schritt für Schritt dein ganz persönliches Anti-Krisen-Programm.

Was zeichnet die Übungen und Ansätze aus, für die ich mich entschieden habe? Kurz gesagt: ihre praktische Anwendbarkeit und ihr vielfach bewährter Nutzen. Fang, wenn du möchtest, direkt beim Lesen mit der Umsetzung an. Das geht besonders unkompliziert, denn alles, was du hier findest, ist ...

- praxisorientiert und in der Anwendung erprobt,
- methodisch solide sowie wissenschaftlich fundiert,

- ohne großen Aufwand umsetzbar, leicht erlernbar und problemlos in den Alltag integrierbar,
- zeitsparend und quasi überall realisierbar.

Wie gehst du bei deiner Auswahl am besten vor? Bewährt hat sich Folgendes:

- Pauschallösungen gibt es nicht. Alle aufgeführten Übungen und Strategien sind deshalb Vorschläge. Nutze sie als Inspiration und passe sie für dich und deine Situation an, gegebenenfalls auch unterstützt durch deinen Arzt oder deine Therapeutin.
- Wenn du bislang wenig Erfahrung mit vergleichbaren Techniken und Übungen gesammelt hast: Konzentriere dich zunächst auf einige wenige Aspekte und setze diese dafür konsequent um. Das ist weitaus sinnvoller, als wenn du in der anfänglichen Begeisterung sofort alles verändern willst und anschließend von der Fülle der Aufgaben überwältigt wirst.
- Tu das, wofür du dich entschieden hast, regelmäßig. Fünf Minuten konsequent pro Tag sind sinnvoller als eine dreistündige Marathonsession mit anschließender mehrwöchiger Pause. Neue Gewohnheiten festigen sich vor allem über die Wiederholung.
- Setze realistische Ziele: Wenn dich die Krisenstimmung erwischt hat, wird keine der Maßnahmen diese wie auf Knopfdruck beenden. Das Ziel ist vielmehr, eine Grundlage zu schaffen, die Unbeschwertheit, Leichtigkeit und Wohlbefinden fördert oder überhaupt wieder ermöglicht. Gleiches gilt für die einzelnen Übungen. Keine von ihnen bietet dir ein Zaubermittel, das all deine Sorgen zum Verschwinden bringt, so schön das auch wäre! Passe deine Erwartungen daher entsprechend an. Es ist beispielsweise schon ein erster Erfolg, wenn sich kleine Veränderungen einstellen und zum Beispiel etwas Leichtigkeit eintritt, du mehr Momente der Ruhe erlebst und die Dinge in Summe weniger belastend sind. Diese kleinen Erfahrungen summieren sich über die Zeit und verstärken sich gegenseitig.

- Eingefahrene Gewohnheiten sind hartnäckig. Lass dich nicht entmutigen, wenn du gelegentlich in frühere Muster zurückfällst. Das ist normal! Kehre nach solchen „Schlaglöchern" zu deinem neuen Weg zurück und geh ihn weiter – oft reduziert sich die Zahl der Rückschläge langfristig ohnehin von selbst.
- Gestalte die Rahmenbedingungen so günstig wie möglich: Je weniger du überlegen und planen musst, desto höher ist die Chance, dass du das Geplante umsetzt. Reserviere beispielsweise feste Zeiten für deine Übungen, lege schon im Vorfeld alles bereit, was du brauchst, und sorge dafür, dass du ungestört bist. Der Flugmodus deines Handys erweist sich als hilfreiche Unterstützung!
- Wenn du an einer Stelle nicht mehr weiterkommst: Lass dich beraten oder hole dir Hilfe – so lassen sich kleinere Schwierigkeiten schnell und effektiv lösen.

Stellschraube 1: Bewusst auswählen

Du hast inzwischen viel über die veränderten Gewohnheiten beim Medienkonsum sowie die Wirkung einzelner Formate auf dich erfahren. Dabei ging es etwa darum, dass dich (bewegte) Bilder emotional besonders berühren. Das ist unser erster Ansatzpunkt. Wenn du die Reflexionen in den vorherigen Kapiteln mitgemacht und deine Notizen aufbewahrt hast, kannst du sie nun als Grundlage nutzen, ergänzen und erweitern.

Einen Mittelweg finden

„Ich kann den ganzen Scheiß nicht mehr hören" oder „Am liebsten würde ich die Nachrichtenseiten gleich komplett zulassen" – das ist die eine Seite der Medaille. Ihr gegenüber stehen Gedanken wie „Damit muss man sich doch auseinandersetzen", „Es ist meine

Pflicht, informiert zu sein“ und „Vor dem Grauen darf man nicht die Augen verschließen“. Diese beiden Haltungen stellen jeweils die Extrempole dar, wenn es um den Umgang mit der aktuellen Situation geht. Strebst du Balance und inneren Ausgleich an, taugen sie langfristig beide wenig.

Warum? Wolltest du alles komplett ausblenden, müsstest du ein höchst isoliertes Leben führen. Zudem verdrängt eine solche Realitätsflucht lediglich Ängste und unangenehme Gefühle, anstatt einen konstruktiven Umgang mit ihnen zu finden. Langfristig betrachtet kommen sie irgendwann doch wieder hoch. Beschäftigst du dich dagegen umgekehrt 24/7 mit Nachrichten und aktuellen Meldungen und bist stets topinformiert, stellst du dich zwar deinen Sorgen, überflutest dich aber förmlich damit. Zudem nimmst du deinem Gehirn die Möglichkeit, sich zu erholen, und schwächst auf Dauer dein inneres Gleichgewicht.

Reflexion:
Wo stehst du hinsichtlich der beiden Extrempole? Gehörst du eher zur Fraktion „Vogel-Strauß-Politik“ oder bist du im Team „Superinformiert“? Bist du mit dieser Situation zufrieden oder handelst du in erster Linie so, „weil sich das gehört“, oder weil dir alles zu viel wird und du keinen anderen Umgang findest?

Wie gelingt es dir, trotz allem, was auf dich einprasselt, die Balance zu bewahren? Entscheidend sind Selektion und Timing. Es geht einerseits darum, informiert zu bleiben und dich mit bestimmten Themen auseinanderzusetzen. Andererseits brauchst du Phasen der Distanzierung und Erholung. Gestalte deinen Umgang mit den Medien entsprechend! Die folgenden Tipps helfen dir dabei.

Regelmäßige Medienzeiten einhalten

Schaffe, analog zum Sport, eine Balance zwischen Be- und Entlastung. Das funktioniert beispielsweise, indem du regelmäßig bewusst abschaltest oder dein Smartphone, Tablet etc. nur in bestimmten Zeitfenstern nutzt. Reserviere am besten feste Zeiten, in denen du dich mit tagesaktuellen Themen beschäftigst. Schließe danach die entsprechenden Apps und Websites und unterbreche so das permanente Hintergrundrauschen.

„Dein Plan" zeigt dir Maßnahmen und Impulse auf, die du direkt umsetzen kannst – hier geht es also in die Aktivität!

DEIN PLAN: Wie soll deine zukünftige Routine aussehen? Welche Medien und Informationsquellen möchtest du wann nutzen? Wie erinnerst du dich an deine neuen Gewohnheiten, wenn der Impuls einsetzt, zwischendurch „mal schnell" zu browsen oder einen Blick in eine bestimmte App zu werfen?

Bewusst Gegenpole setzen

Erholung und Abstand setzen dann ein, wenn du deine Aufmerksamkeit auf andere Themen lenkst. Diese Methode, also ein Umlenken des Fokus, funktioniert deutlich besser, als das Ungewünschte nur zu verdrängen oder zu versuchen, „nichts" zu denken. Als angenehme und erholsame Gegenpole eignen sich beispielsweise Filme, Bücher, Podcasts oder Radiosendungen, die komplett andere Themen behandeln. Die Bandbreite ist dabei schier unendlich!

Erholung und Abstand entstehen, wenn du deine Aufmerksamkeit auf andere Themen lenkst.

Egal ob Romcoms (romantische Komödien), Science-Fiction oder Fantasy – sie alle bieten großartige Gelegenheiten für eine Auszeit.

Mit diesen Genres kannst du wenig anfangen? Dann sprechen dich vielleicht Dokumentationen, Infotainment und Fachbücher zu speziellen Wissensgebieten an, angefangen von Physik und Astronomie bis hin zu Sprachwissenschaft und Kulturforschung. Eine weitere großartige Ablenkung bietet die Beschäftigung mit einem Hobby. Gärtnerst du vielleicht begeistert? Dann informiere dich über den perfekten Standort für einzelne Pflanzen, lerne, wie man eine Trockenmauer hochzieht, oder baue ein Insektenhotel.

DEIN PLAN: Welche „Gegenpole" interessieren dich und machen dir grundsätzlich Spaß? Bist du ein Film- oder Bücherfan oder beschäftigst du dich lieber mit Dokumentationen und sachlichen Formaten? Gibt es Themen, mit denen du dich schon lange (wieder) beschäftigen wolltest und die du aufgreifen könntest?

Schreckensbilder dosieren und filtern

In den vorherigen Kapiteln hast du erfahren, dass Schreckensbilder dich erheblich belasten, schlimmstenfalls sogar traumatisieren können. Ebenso ist es möglich, dass dich wiederholt konsumierte Mediengewalt abstumpfen lässt.[87] In beiden Fällen kommt es zum Gegenteil dessen, was wünschenswert wäre, also eine empathische, mitfühlende Haltung. Diese bewahrst du nur, wenn du weder im Leid versinkst noch abstumpfst.

Eine empathische Haltung bewahrst du nur, wenn du weder im Leid versinkst noch abstumpfst.

Entscheide selbst, wie für dich ein sinnvoller Mittelweg aussieht! Überlege beispielsweise, wie oft und in welcher Form du belastende Informationen konsumierst und wie du bei Bedarf ihre Wirkung abschwächst. Eine Möglichkeit besteht zum Beispiel darin, auf Textzusammenfassungen und Übersichtsartikel zurückzugreifen, anstatt bewegte Bilder zu wählen. So bleibst du informiert und schaffst gleichzeitig einen Filter und somit eine gewisse Distanz.

DEIN PLAN: Wie oft wirst du mit Schreckensbildern konfrontiert? Wie stark belasten dich diese? Wo könntest du die Auseinandersetzung einschränken oder anders gestalten? Wer ist von dieser Problematik zusätzlich betroffen – wie ist beispielsweise der Umgang mit derartigen Bildern in deiner Familie?

Mediennutzung und Schlaf

Wenn du unter Schlafstörungen leidest, etwa weil dich bestimmte Gedanken ins Grübeln bringen und am Einschlafen hindern, solltest du besonders gut darauf achten, welche Art von Medien du vor dem Schlafengehen konsumierst. Das gilt für das Format wie für die Inhalte. So liegen Hinweise darauf vor, dass blaues Licht die Melatoninproduktion unterdrückt und damit das Einschlafen verzögert oder erschwert.

Wenn du unter Schlafstörungen leidest, achte darauf, welche Medien du vor dem Schlafengehen konsumierst.

Zudem braucht dein Gehirn eine gewisse Zeit, um abzuschalten. Checkst du im Bett noch ein letztes Mal auf dem Smartphone die Nachrichten, begleiten diese Themen dich unter Umständen bis in den Schlaf. Das Gleiche gilt für aufwühlende Gespräche, Bücher und Artikel. Gönne dir deshalb am Abend einen mentalen Cool-down, in dem du dich bewusst mit angenehmen Themen beschäftigst!

DEIN PLAN: Wie sieht deine momentane Abendroutine aus? Gibt es Themen, die dich bis in den Schlaf oder bis in deine Träume hinein verfolgen? Siehst du einen Zusammenhang zwischen deinem bisherigen (Medien-)Verhalten und deinen Schlafmustern?

Stellschraube 2: Deinen Mindset ändern

Die äußeren Umstände kannst du manchmal nicht beeinflussen, deine innere Haltung und die Sichtweise darauf dagegen schon. Diese Aussage klingt zunächst kalenderspruchartig und wurde nach meinem Empfinden in der Vergangenheit teilweise überstrapaziert. Außerdem gibt es Situationen, die sich so schwierig und belastend gestalten, dass es mehr braucht als „ein bisschen Umdenken“ oder eine neue Perspektive. Leider treten immer wieder Ereignisse ein, die so überwältigend sind, dass sie letztlich jeden von uns aus der Bahn werfen könnten, egal wie positiv der Mindset oder wie stabil die innere Haltung ist.

Die äußeren Umstände kannst du manchmal nicht beeinflussen, deine innere Haltung und Sichtweise schon.

Tritt ein solches Geschehnis ein, braucht es Zeit, um sich neu zu sortieren und einen Umgang mit allem zu finden. Zu dieser Phase der Orientierung und des Neusortierens gehören Empfindungen wie Verzweiflung, Enttäuschung, Wut, Frustration, Ohnmacht und Überforderung. Diese Gefühle und Emotionen treten auf und brauchen ihren Raum. Irgendwann ist jedoch der Punkt erreicht, an dem derartige Reaktionen dysfunktional werden und dich behindern, anstatt dir zu helfen, etwa weil sie keine anderen Gefühle zulassen als Niedergeschlagenheit, Frustration Trauer, Wut, Ohnmacht, Einsamkeit und Isolation. Dann kommt die innere Haltung bzw. der Mindset ins Spiel.

Deine innere Haltung zählt

Selbst wenn es hart klingt: In solchen Momenten liegt die Entscheidung bei dir, ob du die alten, dysfunktionalen Muster beibehältst, oder ob du aktiv darangehst, eine neue Perspektive zu entwickeln.

Dieser Schritt ist am Anfang eher mühsam und kraftraubend, lohnt sich mittel- bis langfristig aber umso mehr! Denn die Bereitschaft, die Dinge anders zu sehen, ist der erste Schritt zu Veränderung und positivem Wandel. Dafür braucht es eine bewusste Entscheidung: Nur wenn du bereit bist, Veränderung zuzulassen, kann diese eintreten. Ebenso siehst du nur dann Dinge, die Grund zur Hoffnung geben, wenn du dich ihnen gedanklich öffnest. Überzeugst du dich dagegen permanent selbst davon, dass alles sch*** ist und so bleiben wird, wird diese Grundhaltung irgendwann zur selbsterfüllenden Prophezeiung.

Es liegt bei dir, ob du aktiv darangehst, eine neue Perspektive zu entwickeln.

Wichtig: Ich meine dies nicht als Kritik! Ich habe vollstes Verständnis dafür, wie anstrengend und kraftraubend es ist, nach Tiefpunkten wieder auf die Beine zu kommen, und wie viel Energie es braucht, um erneut trotz allem positive Aspekte zu sehen und das Schöne zuzulassen. Letztlich glaube ich aber, dass diese Haltung der einzige Weg ist, um zurück zu Lebensfreude, Mut und Optimismus zu finden. Sicherlich tragen die Umstände einen gehörigen Teil dazu bei. Allerdings brauchen sie dabei deine Unterstützung – diese kann nur aus deinem Inneren kommen!

Derartige Veränderungen und Perspektivwechsel sind möglich und es gibt Strategien, die es dir erleichtern, die neuen (Denk-)Gewohnheiten umzusetzen. Gehst du dieses Vorhaben an, wirst du in mehrfacher Hinsicht belohnt. So verbessern sich neben deiner Stimmung beispielsweise dein Immunsystem, dein grundsätzliches Befinden und deine Allgemeingesundheit. Ein positiver Mindset wirkt sich nachweislich auf diese Bereiche[88] aus und reduziert zudem Stress! Je länger du die neuen Gewohnheiten umsetzt, desto leichter werden sie. Wage dich also an den ersten Schritt!

> ***Übung: Stimmungslagen fühlbar machen***
> *Den gerade beschriebenen Effekt kannst du leicht nachvollziehen. Erinnere dich dazu an eine Situation, in der du traurig warst. Versetze dich in Gedanken so detailliert wie möglich in diesen Moment hinein. Beobachte deine Reaktionen. Vermutlich stellen sich auf körperlicher wie auf mentaler Ebene diverse Empfindungen ein, beispielsweise Anspannung, ein Gefühl der Enge, Kälte, Traurigkeit, Niedergeschlagenheit und Kraftlosigkeit. Diese Wirkung tritt sogar dann ein, wenn du das Experiment nur in Gedanken durchführst.*
> *Rufe dir anschließend als Gegenbild eine angenehme Situation in Erinnerung wie einen Urlaub, ein Treffen mit Freunden, ein gutes Gespräch oder eine gemeinsame Unternehmung. Welche Reaktionen zeigen sich jetzt? Treten beispielsweise Wärme, Weite und Weichheit sowie Hoffnung, Sicherheit und Geborgenheit ein?*

Diesen Effekt kannst du in schwierigen Phasen gezielt nutzen. Lenkst du den Fokus bewusst von dem weg, was dich belastet, und konzentrierst dich dagegen auf tatsächliche oder imaginierte Erinnerungen, in denen du unbeschwert, sorgenfrei und zufrieden warst, hilft das, Beschwerden zu lindern und deine Balance zu stärken.

> *Machst du wiederholt die Erfahrung, dass du, etwa mithilfe bestimmter Gedanken und Bilder, negative Stimmungen abschwächen kannst, setzt ein Lerneffekt ein: Du erfährst, dass du deinen Stimmungslagen nicht hilflos ausgeliefert bist, sondern sie aktiv gestalten kannst. So verlieren schrittweise auch düstere Phasen einen ganzen Teil ihres Schreckens und du lernst, besser mit ihnen umzugehen.*

Dein Filter bestimmt deine Realität

Deine innere Haltung ist auch beim Umgang mit düsteren oder belastenden Gedanken ein wichtiger Baustein. Selbst wenn es sich „nur" um Gedanken, also Dinge, die in deiner Vorstellung ablaufen, handelt: Sie können höchst lästig und störend sein und sogar zu einer ernst zu nehmenden Belastung werden. Denn negative Gedanken haben einige unangenehme Eigenschaften. Dazu zählt, dass sie sich gewissermaßen selbstständig vermehren und bestehende negative Gefühlslagen intensivieren. Bist du gestresst, besorgt, genervt oder beunruhigt, steigern negative Gedanken diese Tendenz. Die vorhandenen, negativen Gedanken generieren also weitere Negativgedanken und erzeugen eine Abwärtsspirale, die dich immer weiter nach unten zieht.

Negative Gedanken vermehren sich und intensivieren bestehende negative Gefühlslagen.

Meist gehen derartige Spiralen mit zusätzlichen Symptomen einher wie Verspannungen, Schmerzen, Atemproblemen, Bauchbeschwerden, Beklemmungsgefühlen oder innerer Unruhe. Diese Nebensymptome produzieren ihrerseits negative Gedanken und verstärken den Abwärtstrend.

Es versteht sich von selbst, dass sich ein solcher Zustand auf deine Stimmung und deine Wahrnehmung der Welt auswirkt. Schlimmstenfalls erscheint diese dir irgendwann tatsächlich nur noch feindselig, kalt und grau. Derartige Phänomene lassen sich bereits seit Langem beobachten. Inzwischen ist der Effekt sogar mess- und somit nachweisbar. Eine Studie belegte etwa, dass depressive Patienten einen deutlich verringerten Kontrastgewinn auf der Netzhaut aufwiesen.[89] Ebenso gibt es Hinweise, dass die Fähigkeit, Farben zu unterscheiden, bei

Die Fähigkeit, Farben zu unterscheiden, ist bei Depressionen verringert.

Depressionen verringert ist.[90] Die Welt erscheint dann also wirklich grauer und weniger farbenfroh!

Wie hilft dir dieses Wissen? Zunächst ist es wichtig zu erkennen, dass eine solche Art der Wahrnehmung keine „Einbildung“ oder eine Art Spleen ist. Für dich ist das, was du in einem bestimmten Moment wahrnimmst und spürst, „wahr“. Das gilt unabhängig davon, ob ein anderer Mensch die Situation gleich oder anders bewerten würde! Bist du beispielsweise in einer sehr gedrückten Stimmungslage, gestaltet sich für dich wirklich alles als belastend, freudlos und gegen dich gerichtet. Dieser Effekt wird durch den Negativitätsbias (auch Negativitätsverzerrung genannt) verstärkt. Dieses Konzept erklärt, warum Negatives stärker wirkt als Positives und dir länger im Gedächtnis bleibt.

Evolutionsbedingt ist diese Ausrichtung deines Gehirns sinnvoll. Für das Überleben unserer Spezies war es wichtig, dass wir uns mögliche Gefahrenquellen merken und sie künftig meiden. Allerdings führt dieser Filter ebenso dazu, dass das Negative weitaus präsenter ist und es deutlich mehr positive Erfahrungen braucht, um eine vorhandene, negative auszugleichen oder zu „überschreiben“. Aus diesem Grund ist der Fokus auf das Angenehme, Schöne und Positive eine sinnvolle Grundhaltung und nicht nur etwas, das dir dein Kalender oder ein Insta-Post empfiehlt, weil es gut klingt!

Reflexion:
Wie stehst du deinem Leben aktuell gegenüber? Welche Grundhaltung überwiegt? Welche Empfindungen und körperlichen Reaktionen gehen damit einher?

Neue Denkmuster etablieren

Du hast gerade gelesen, dass negative Gedanken hartnäckig sein können und die Tendenz haben, sich gegenseitig zu verstärken. Was tust du am besten, um sie loszuwerden und dein Denken neu zu programmieren? Wie beim sportlichen Training braucht es Zeit und Regelmäßigkeit, um neue Schleifen oder Denkpfade in deinem Gehirn anzulegen und diese zu nutzen. Grundsätzlich ist das allerdings möglich, und zwar in jedem Alter!

Neue Denkmuster sind in jedem Alter möglich!

Die sogenannte Neuroplastizität, also Formbarkeit deines Gehirns erlaubt es dir, neue Muster zu erlernen und alte Gewohnheiten hinter dir zu lassen.[91] Du selbst kannst die Neubildung solcher Strukturen unterstützen. Eine in der renommierten Fachzeitschrift *Nature* veröffentlichte Metastudie kam zu dem Ergebnis, dass unter anderem Maßnahmen, die auf dem Konzept der Achtsamkeit basieren, zu strukturellen und funktionellen Veränderungen im Gehirn führen können.[92]

Wie stark dieser Effekt ausgeprägt ist und für wen er sich besonders gut eignet, muss noch erforscht werden. Nichtsdestotrotz zeigt sich zunehmend, dass du zu einem gewissen Grad beeinflussen kannst, wie du denkst, und es somit möglich ist, aktiv den Krisenmodus zu überwinden und eine optimistischere, zufriedenere und ruhigere Grundhaltung (zurück) zu gewinnen!

Für eine solche Neuprogrammierung braucht es allerdings die entsprechenden Rahmenbedingungen. Du hast im vorherigen Kapitel gelesen, dass bei starkem Stress deine Fähigkeit zu strukturiertem Denken stark abnimmt. In solchen Momenten ergibt es wenig Sinn, Strategien einzusetzen, die „top-down“, also vom Gehirn zum Körper verlaufen. Vielleicht kennst du diesen Effekt aus deinem eigenen

Leben: Bist du enorm gestresst und angespannt, fällt es dir schwer, Dinge zu lernen und dir Neues zu merken.[93] Befindest du dich dagegen in einer ausgeglichenen Grundstimmung, sind Lernprozesse deutlich leichter. Ebenso verhält es sich im Umgang mit belastenden Gedanken.

Lernprozesse sind in einer ausgeglichenen Grundstimmung deutlich leichter.

Schrecken dich einzelne Gedanken und Vorstellungen gerade so sehr, dass dein Körper sofort eine Stressreaktion anstößt, brauchst du zunächst eine Methode, mit der du deinen akuten Stresslevel senkst. Das gelingt ab einem bestimmten Grad der Aktivierung am besten mit „bottom-up"-Techniken, also Maßnahmen, die vom Körper zum Gehirn gehen. Sie dämpfen das Hyperarousal ab und versetzen dich zurück in einen Zustand, in dem du strukturiert denken und effektiv handeln kannst. Dann greifen auch kognitive Methoden wieder![94]

Die Psychiater Dr. med. Gunnar Eismann und Prof. Dr. med. Claas-Hinrich Lammers gehen davon aus, dass ab einem Stressniveau von etwa 70 % des maximal möglichen emotionalen Stresses ein emotionaler Kontrollverlust einsetzt. Das bedeutet, dein Gehirn ist so sehr auf Panik ausgerichtet, dass es sinnlos ist, in diesem Zustand bestimmte Emotionen zu bearbeiten. Vielmehr gilt es, die Stressreaktion in den Griff zu bekommen. Dazu eignen sich beispielsweise starke Sinnesreize (kaltes Wasser, Eiswürfel, intensiver Duft) und körperliche Aktivität (aufstehen, herumlaufen, schütteln, joggen).

Darüber hinaus gibt es viele weitere Beispiele und Techniken. Einige davon stellen Christian Koch und ich dir in unserem Ratgeber „Dauernervosität überwinden" vor.[95] Zudem findest du zahlreiche Impulse und Inspirationen, wenn du Begriffe wie „Grounding-Techniken" oder „Grounding-Übungen" googelst.

STRESSREGULATION VS EMOTIONSREGULATION

Stelle dir vor, du hast furchtbare Angst vor Spinnen. Dir ist bewusst, dass diese Angst an sich irrational ist. Dennoch gerätst du schon beim Anblick einer Plastikspinne fast in Panik.

Was geschieht, wenn du unter solchen Umständen eine Spinne in deiner Wohnung findest? Vermutlich setzt das volle Programm ein, du beginnst, schneller und flacher zu atmen, dein Puls beschleunigt sich, dein Blutdruck steigt, du fängst an zu schwitzen, du wirst zittrig und gerätst in eine Art Tunnel. Hat dieser Modus übernommen, fällt es dir schwer, logisch oder rational zu denken.

Dann bringt es wenig, über Dinge wie Angsthierarchien oder Argumente nachzudenken, die dafür sprechen, dass die Spinne völlig harmlos ist. Vielmehr brauchst du für den Akutfall Strategien, die dich aus diesem Erregungszustand herausführen, beispielsweise bestimmte Atemtechniken oder andere „Grounding"-Methoden. Mit anderen Worten: Hier ist Bottom-up-Regulation gefragt.

Hast du diese Methoden erfolgreich eingesetzt, kommen die Top-down-Techniken wieder zum Zug. Sie sind etwa dann hilfreich, wenn du – völlig spinnenfrei – auf dem Sofa sitzt und einen Plan entwickelst, wie du (unterstützt durch deinen Therapeuten) über deine Spinnenphobie hinwegkommst.

Diese Prozesse sind stark kognitiv gesteuert und nur möglich, wenn dein Gehirn entspannt genug ist, um sie durchzuführen! Idealerweise kombinierst du also beide Formate und setzt sie je nach Bedarf ein.

Für die Überwindung des Krisenmodus möchte ich dir zunächst einige Herangehensweisen vorstellen, die auf dem Top-down-Ansatz basieren. Wähle erneut das aus, was dich am meisten anspricht und für dich am geeignetsten ist! Wie bei den vorherigen Strategien geht es darum, eine Auswahl zu treffen und die Maßnahmen anschließend regelmäßig umzusetzen. Idealerweise tust du dies in Form von „Trockenübungen“. Beginne also in Situationen, die dich wenig belasten oder die du zu Übungszwecken wählst. So gelingt es dir später, die Techniken im Akutfall effektiv einzusetzen.

Metakognition: Die Dinge von oben betrachten

Sprechen wir von Metakognition, meinen wir damit das Denken über das Denken. Du setzt dich also damit auseinander, welche gedanklichen Prozesse bei dir ablaufen, ordnest sie ein und analysierst sie. Mithilfe dieses Ansatzes lassen sich beispielsweise Denkverzerrungen und andere spezifische Muster aufdecken, derer du dir zuvor nicht bewusst warst, die dir aber im Weg stehen.

Wichtig: Grundsätzlich ist es vollkommen „normal“, dass solche Muster gelegentlich auftreten. Wir alle bewerten Sachverhalte manchmal falsch oder stark gefärbt, vergessen Dinge oder verfallen in Denkschleifen, die unserem Wohlbefinden abträglich sind. Je besser du diese Mechanismen verstehst und je klarer du sie erkennst, desto leichter kannst du mit ihnen umgehen und ihnen entgegenwirken.

„Dysfunktionale Kognitionen“ und Denkfehler spielen vor allem in der kognitiven Verhaltenstherapie eine große Rolle. Ein Ziel dieser Methode besteht darin, ungünstige Muster, Angewohnheiten und Verhaltensweisen aufzudecken und sie durch neue, hilfreichere Muster zu ersetzen. Die Begrifflichkeit ist an dieser Stelle wichtig: „Dysfunktional“ bedeutet, dass bestimmte Strategien oder Muster ungünstig sind. Der Begriff bezieht sich auf Handlungen und Prozesse, also auf Verhaltensweisen. Was er dagegen nicht bedeutet, ist, dass du selbst in irgendeiner Art und Weise „falsch“, „kaputt“ oder „dysfunktional“ bist. Ebenso ist zu beachten, dass einzelne Strategien zu einem früheren Zeitpunkt vielleicht hilfreich waren und einen Zweck erfüllt haben, nun aber nicht mehr passend sind.

Was sind solche dysfunktionalen Kognitionen und Denkfehler? In der folgenden Übersicht möchte ich dir einige Beispiele geben. Erkennst du einige dieser Phänomene aus deinem eigenen Alltag wieder?

Alles-oder-Nichts-Denken

„Wenn ich nicht alle neuen Gewohnheiten direkt umsetze, kann ich es gleich ganz sein lassen." Gehst du mit einer solchen Haltung an ein Vorhaben heran, sind Scheitern und Frustration quasi vorprogrammiert. Hilfreicher ist ein Ansatz wie: „Das ist ein Lernprozess – kleinere Fehler und Rückschritte gehören dazu."

„Sollte"-Aussagen

„Man sollte ..." Sich gut ernähren. Ausreichend schlafen. Sport treiben. Mit anderen Worten: „Man" sollte sehr, sehr viel! Versuchst du, dein Leben sehr stark an diesen Sollte-Vorstellungen auszurichten, produziert das vor allem eines: Stress. Entspannter wird es, wenn du die Soll-Aussagen als grundsätzliche Orientierung verstehst und dir beispielsweise sagst: „Eine gesunde und ausgewogene Ernährung trägt dazu bei, dass ich mich gut fühle. Trotzdem darf es gelegentliche Ausnahmen geben!"

Übergeneralisieren

„Nie funktioniert etwas, immer bin ich der Depp. Niemand hat so viel Pech wie ich." Wenn du im Krisenmodus bist, fühlt es sich so an, als seien diese Aussagen wahr. Bei neutralerer Betrachtung stellt sich jedoch meist heraus, dass es durchaus Gegenbeispiele gibt, die du ausgeblendet hast. Werde immer dann hellhörig, wenn du Formulierungen wie „immer" und „nie" verwendest und hinterfrage die damit verbundenen Aussagen.

Unrealistische Erwartungen

„Wenn ich meine neuen Achtsamkeitsübungen eine Woche lang durchziehe, dann habe ich meinen Stress komplett im Griff und bin total tiefenentspannt." So sehr wir uns das auch wünschen: Es gibt kein Zaubermittel, das all deine Probleme sofort verschwinden lässt. Hast du insgeheim dennoch diese Erwartung, sind Enttäuschungen die logische Folge. Bemühe dich deshalb um eine realistische Einschätzung. Das ist vor allem dann wichtig, wenn es um eigene Ziele und ihre Umsetzung geht!

Katastrophisieren

„Ich bin jetzt schon so fertig. Wenn das so weitergeht, dann breche ich zusammen, verliere meinen Job und rutsche in die Sozialhilfe ab." Unter Stress oder in depressiven Stimmungslagen haben wir die Tendenz, uns die schlimmstmöglichen Konsequenzen auszumalen. Ein verpasster Termin oder eine verspätete Projektabgabe werden in Gedanken dann zum Grund für die Kündigung oder gar zum ersten Schritt in Richtung Privatinsolvenz. Anschließend kommt die Stressreaktionen erst richtig in Fahrt! Überprüfe deshalb, ob deine Risikoeinschätzung realistisch ist, oder ob du dich von einem negativen Gedankenstrudel mitreißen lässt. Korrigierst du deine Annahmen regelmäßig, hat das einen Lerneffekt. Irgendwann erkennst du bereits in dem Moment, in dem der Impuls zum Katastrophisieren einsetzt, was geschieht, und kannst den Prozess bewusst unterbrechen oder stoppen.

Ist deine Risikoeinschätzung realistisch oder lässt du dich von einem negativen Gedankenstrudel mitreißen?

DEIN PLAN: Welche Denkfehler kommen dir bekannt vor oder treten bei dir besonders oft auf? Wie könntest du sie umformulieren oder „reframen", um sie in funktionalere Gedanken umzuwandeln?

Die obige Liste stellt lediglich eine Auswahl an möglichen Denkfehlern und -verzerrungen dar. Wenn du dich näher mit diesem Thema beschäftigen möchtest, findest du zahlreiche einschlägige Bücher und Studien. Ein Experte auf diesem Gebiet ist beispielsweise Prof. Dr. Martin Hautzinger, der sich intensiv mit der kognitiven Verhaltenstherapie bei Depressionen auseinandergesetzt und viel dazu publiziert hat. Geht es um deinen eigenen Umgang mit eingefahrenen Denkmustern, berät dich ein Coach oder Therapeut!

Grübelschleifen unterbrechen

Ein weiteres Phänomen, das sich in herausfordernden, schwierigen und belastenden Zeiten vermehrt einstellt, ist das Grübeln. Sprechen wir von grübeln, ist es wichtig, genau zu klären, was wir darunter verstehen.

Den Begriff kennst du aus dem Alltag. Dann heißt grübeln oft nur, dass uns etwas nachdenklich gemacht hat, wie etwa in dem Satz „Das, was du gesagt hast, hat mich echt ins Grübeln gebracht“ oder „Ich habe gestern ein altes Fotoalbum gefunden und bin darüber ins Grübeln geraten“. Diese Art von Sinnieren oder Nachdenken unterscheidet sich deutlich von Grübeln als psychopathologischem Phänomen. Dann versteht man darunter ein wiederkehrendes und monotones Wiederkäuen von Themen aus der Vergangenheit. Achtung: Beim Grübeln geht es in der Regel um Vergangenes. Mit diesem Kriterium grenzt du das Grübeln vom Sich-Sorgen ab, das auf Zukünftiges gerichtet ist.

Beim Grübeln geht es in der Regel um Vergangenes, im Gegensatz zum Sich-Sorgen, das auf Zukünftiges gerichtet ist.

Mit ziemlicher Sicherheit erinnerst du dich an Gelegenheiten, in denen du gegrübelt hast. Zu einem gewissen Grad ist das vollkommen normal und keineswegs pathologisch! Eine exakte Grenze zwischen „normalem“ und „krankhaftem“ Grübeln zu ziehen, ist deshalb schwer. Noch heute gibt es in der Forschung keine standardisierte Definition.[96] In der Wissenschaft hat sich deshalb der Fachbegriff Rumination (wörtlich „Wiederkäuen“) durchgesetzt, um pathologisches Grübeln von alltäglichem Nachdenken abzugrenzen. Die Rumination lässt sich definieren als eine Form der hartnäckigen und sich ständig wiederholenden Wahrnehmung, die sich auf negative Inhalte konzentriert und eine seelische Belastung hervorruft.[97]

Typisch ist, dass sich die Gedanken bei der Rumination beständig im Kreis drehen. Du kaust beispielsweise ein und dieselbe Situation immer wieder durch und zermarterst dir den Kopf, warum du dich nicht anders verhalten hast oder was du besser getan hättest. Rational betrachtet ist dir klar, dass sich das Geschehene nicht mehr ändern oder rückgängig machen lässt, aber deine Gedanken sind in dieser Betrachtung gefangen. Du spielst das Szenario wiederholt durch, allerdings ohne jemals zu einer Lösung zu kommen.

Dieser Aspekt unterscheidet das Grübeln vom Nachdenken. Beim Nachdenken fokussierst du dich auf eine konkrete Problemstellung, suchst nach Lösungsansätzen und setzt sie anschließend um. Beim Grübeln dagegen sind die Gedanken nicht linear nach vorn gerichtet, sondern drehen sich im Kreis.

Grübeln ist eine häufige Reaktion auf Stress, Probleme im sozialen oder zwischenmenschlichen Bereich oder stark belastende Lebensereignisse.

Was tust du, um Grübeln im Sinne eines wiederkäuenden Verharrens bei den immer selben Gedanken ohne Lösungsorientierung zu unterbrechen? Als erster Schritt hilft das Wissen über die ablaufenden Prozesse. Um etwas zu verändern, musst du erkennen, wo das Problem liegt und welche die Auslöser sind. Die Forschung zeigt dabei, dass Grübeln einerseits negative Stimmungen auslöst, andererseits durch sie hervorgerufen wird. Hier kannst du ansetzen! Darüber hinaus ist Grübeln eine häufige Reaktion auf Stress, Probleme im sozialen oder zwischenmenschlichen Bereich sowie auf stark belastende Lebensereignisse.[98] Findest du einen guten Umgang mit diesen Faktoren, reduziert sich meist auch das Grübeln.

Falls dich einzelne Gedanken stark belasten und es dir schwerfällt, die Grübelschleifen zu unterbrechen, bieten psychotherapeutische Ansätze eine Option. Aktuell als am zielführendsten gelten die Ruminationsfokussierte Kognitive Verhaltenstherapie (RFCBT) nach Watkins (2016) und die Metakognitive Therapie (MCT) nach Wells (2011).[99] Bei der Auswahl und Umsetzung unterstützt dich ein Experte. Parallel dazu gibt es Untersuchungen zu weiteren Methoden wie etwa dem Einsatz von Sport beim Überwinden von Grübeln. Bewegung und sportliches Training erweisen sich, unterstützend eingesetzt, nachgewiesenermaßen bei einer Vielzahl von psychischen Belastungen als förderlich. Es ergänzend einmal mit Ausdauer- oder Kraftsport zu versuchen, ist grundsätzlich also fast immer eine gute Idee!

DEIN PLAN: Verlierst du dich häufiger in Grübeleien im Sinne von Rumination? Wie sehr belasten sie dich? Wie gelingt es dir bisher, diese Zustände zu überwinden und was könntest du darüber hinaus tun, um den Fokus stärker umzulenken?

Das Gedankenkarussell stoppen

Eng verbunden mit dem Grübeln ist der Umgang mit unangenehmen Gedanken. Wie du schon erfahren hast, ist es sinnlos, sie lediglich zu verdrängen. Je stärker du die unerwünschten Gedanken unterdrückst, desto mehr Energie musst du dafür aufwenden und desto größer ist die Chance, dass sie trotzdem wieder und wieder aufpoppen. Diese Eigenschaft kannst du dir vorstellen wie das Jahrmarktsspiel Whac-A-Mole, bei dem aus unterschiedlichen Löchern Maulwürfe oder andere Gegenstände auftauchen, die du immer schneller mit einem Hammer treffen musst.

Allerdings ist es leichter gesagt als getan, die eigenen Gedanken in Schach zu halten. Was kannst du also tun, wenn deine Gedanken sich verhalten wie wild gewordene Maulwürfe? Erneut hilft ein Blick in die Psychotherapie, wo über die Jahre hinweg zahlreiche effektive Strategien entwickelt wurden, um mit dieser Thematik umzugehen. Falls du an dieser Stelle einwendest „So schlimm, dass ich eine Therapie bräuchte, ist das bei mir längst nicht“: Derartige Techniken lassen sich selbstverständlich auch dann sinnvoll einsetzen, wenn es „nur“ darum geht, lästige Gedanken in Zaum zu halten.

Zahlreiche psychotherapeutische Techniken lassen sich auch für die Prävention einsetzen.

Reflexion:
Gibt es Gedanken, die sich bei dir besonders häufig einstellen und die du gerne loswerden würdest? Wie wirken sie sich aus? Machen sie dich gereizt, unzufrieden und genervt oder traurig, niedergeschlagen, einsam und antriebslos? Sind die Gedanken konkret auf eine Situation oder ein Ereignis gerichtet oder beziehen sie sich auf das große Ganze?

Ich möchte dir insgesamt fünf solcher Techniken vorstellen, die sich im Umgang mit störenden, beängstigenden und belastenden Gedanken bewährt haben. Lies weiter, wenn dich diese Herangehensweise interessiert und lass dich von einem Experten bei der Umsetzung beraten und unterstützen.

Gedankenstopp

Wie der Name schon verrät, erzeugst du bei dieser Technik eine bewusste Unterbrechung. Wenn der belastende Gedanke auftaucht, sagst du entweder laut ausgesprochen oder innerlich zu dir selbst „Stopp“. Zur Verstärkung kannst du dir ein großes, rotes Stoppschild vorstellen. Anschließend lenkst du deine Aufmerksamkeit bewusst auf etwas anderes, Angenehmes. Am besten überlegst du dir schon im Vorfeld einige Dinge, auf die du dich freust oder die dir Freude bereitet haben. So musst du nach dem Stopp nicht lange überlegen, sondern kannst deinen Fokus direkt umlenken.

DEIN PLAN: Welche Gedankenkreise würdest du gerne stoppen? Was sind hilfreiche Alternativgedanken?

Positive Gegenbilder

Imaginative Techniken haben eine enorme Kraft! Zudem ist die Imagination eine Gabe, die jedem gegeben ist. Manchen fällt es zwar leichter, sie zu nutzen, aber über die grundsätzliche Fähigkeit verfügen wir alle. Mach dir dieses Talent zunutze!

Imaginative Techniken haben eine enorme Kraft.

Anstatt zu versuchen, nicht an etwas zu denken, funktioniert es weitaus besser, stattdessen an etwas anderes zu denken. Statt „weg von“ denkst du also „hin zu“. Dein positives Gegenbild wird das Schreckensbild nicht sofort überschreiben, es kann aber seine Kraft abschwächen.

Vermutlich pendeln gerade am Anfang deine Gedanken zwischen den beiden Bildern – hole in solchen Fällen das positive Gegenbild mental zurück, sobald du feststellst, zurück in die alte Schiene gerutscht zu sein. Unterstützen lässt sich diese Technik durch konkrete Bilder, etwa Fotos, computergenerierte Images, Zeichnungen, Collagen etc. Platziere diese an Orten, die du häufig siehst, zum Beispiel über deinem Schreibtisch oder als Sperrbildschirm deines Handys. So erinnerst du dich regelmäßig an deine neue Gewohnheit.

DEIN PLAN: Was sind deine positiven Gegenbilder? Wann könntest du sie am besten einsetzen?

Tresor

Bei der Tresorübung verstaust du allen mentalen Ballast an einem abschließbaren Ort. Male dir in Gedanken deinen Tresor in allen Details aus. Er kann beispielsweise aus doppelwandigem Stahl bestehen, ein Digitalschloss haben, mit zusätzlichen Sicherungen ausgestattet sein und vieles mehr – ganz, wie es dir gefällt! Nun öffnest du gedanklich deinen Tresor, legst alle unerwünschten Gedanken hinein und schließt fest die Tür. Begleite diesen Gedanken, wenn du möchtest, mit der entsprechenden Handbewegung oder drehe einen imaginären Schlüssel um.

Der Vorteil am Tresor: Die Inhalte sind weder verdrängt noch unterdrückt, sondern gezielt verstaut und sicher gelagert. Wenn der Zeitpunkt gekommen ist, dich wieder mit ihnen auseinanderzusetzen, kannst du den Tresor öffnen und Stück für Stück das herausnehmen, womit du dich beschäftigen möchtest. Diese Technik funktioniert besonders gut, wenn du über die Lösung für ein Problem nachdenkst, diese aber noch nicht gefunden hast. Dann bietet sich perfekt die Zwischenlagerung im Tresor an. So verschaffst du dir selbst eine Auszeit und kannst, beispielsweise nach einer erholsamen Nacht, die Thematik am nächsten Tag von Neuem angehen.

DEIN PLAN: Was sind deine Tresorthemen? Spürst du eine mentale Entlastung, wenn du diese wegsperrst? Wie äußert diese sich auf körperlicher Ebene? Zu welchen Tageszeiten ist die Tresortechnik für dich besonders günstig – zum Beispiel vor dem Einschlafen?

Sorgenstuhl

Der Sorgenstuhl bietet eine perfekte Ergänzung zum Tresor. Denn irgendwann musst du den einen oder anderen Gedanken hervorholen und dich damit auseinandersetzen. Am besten reservierst du dafür feste Zeiten, vielleicht sogar einen festen Ort. Unter Umständen hast du zu Hause ein Sitzmöbel, das halbwegs bequem, aber furchtbar hässlich ist. Platziere dieses in deiner „Sorgen-Ecke" und lege fixe Zeiten fest, an denen du es nutzen möchtest. Diese zeitliche Beschränkung ist wichtig! Am besten geeignet sind kürzere Intervalle von maximal zehn bis 15 Minuten. Innerhalb dieser Zeit setzt du dich auf deinen Sorgenstuhl und sprichst alles aus, was dich belastet. Das geht laut ausgesprochen oder leise in Gedanken. Alternativ kannst du deine Themen aufschreiben oder aufmalen.

Der Sorgenstuhl bietet eine perfekte Ergänzung zum Tresor.

In dieser limitierten „Jammerphase" darfst du alles zum Ausdruck bringen, was dich stört oder belastet, ganz gleich, ob es sich um Nichtigkeiten oder größere Probleme handelt. Ist die Zeit vorbei, stehst du auf und verlässt deine Sorgen-Ecke. Dieser Ortswechsel signalisiert dir, dass die Beschäftigung mit den belastenden Themen vorbei ist und nun andere Dinge im Vordergrund stehen. Auf diese Weise wirst du das, was dich belastet, los und verhinderst gleichzeitig, im Selbstmitleid zu versinken oder dauerhaft zu jammern, schimpfen oder klagen. Denn die ständige Auseinandersetzung mit dem Unangenehmen ist ebenso kontraproduktiv wie permanent die Dinge herunterzuschlucken und so zu tun, als ob alles okay wäre.

DEIN PLAN: Mit diesen Strategien nimmst du belastenden Gedanken ihre Macht, und erkennst einen sinnvollen Umgang mit ihnen. Idealerweise sorgst du parallel dafür, dass möglichst wenige solcher Gedanken entstehen. Dazu tragen dein Umgang mit dir selbst sowie dein Umfeld bei. An beiden Punkten kannst du ansetzen!

Stellschraube 3: Regelmäßig erholen und Kräfte sammeln

Mit der dritten und letzten Stellschraube lernst du Tipps und Methoden kennen, wie du Rahmenbedingungen schaffst, um dich im Alltag regelmäßig zu erholen und den „Ladezustand" deiner Akkus im grünen Bereich zu halten.

Vielleicht stellst du beim Lesen fest, dass einige dieser Tipps in der Theorie ziemlich simpel sind. Das ist tatsächlich so! Bei ihnen geht es vor allem um die Umsetzung und weniger darum, sie zu verstehen. Genau das ist in der Praxis oft der Knackpunkt. Rein rational dürfte dir bei vielen Dingen klar sein, was du idealerweise tun solltest. Bist du jedoch im Alltagsstress gefangen, versinkst gefühlt in tausend Verpflichtungen und hast den Eindruck, dass eigentlich ständig irgendjemand etwas von dir will, ist es verführerisch, alles scheinbar Unnötige von der persönlichen Agenda zu streichen. An oberster Stelle stehen dabei meist Sport, Wellness und Erholung, Treffen mit Freunden und „Nichtstun".

Das scheint aus Effizienzgründen nachvollziehbar und eine sinnvolle Taktik, um möglichst viel zu schaffen. Langfristig erweist sich diese Strategie allerdings als Trugschluss. Bist du permanent am Rotieren, sind irgendwann deine Energiereserven aufgebraucht. Die Zeit, die du anschließend zur Erholung brauchst, ist meist bedeutend länger als die Zeit, die du zuvor eingespart hast, indem du selbst kurze Auszeiten von deinem Tagesplan gestrichen hast. Sicherlich: In bestimmten Phasen des Lebens bleibt wenig „Me-Time" und du musst einzelne Aktivitäten und Hobbys einschränken. Ganz canceln solltest du diese Termine trotzdem nicht!

Bist du permanent am Rotieren, sind irgendwann deine Energiereserven aufgebraucht.

Regeneration und Erholung sind zentrale Bausteine für Gesundheit und allgemeines Wohlbefinden, in physischer wie in mentaler Hinsicht. Überlastest du dich dauerhaft, bist du irgendwann vollkommen erschöpft, egal ob es sich um deinen Körper oder deinen Geist handelt. Behandle deshalb mentale Auszeiten genauso wie die physische Regeneration und schenke beiden ausreichend Beachtung und Raum!

Echte und regelmäßige Pausen

Eigentlich ist es offensichtlich: Du kannst nur dann Energie aufwenden, wenn du sie zuvor deinem System zugeführt hast. Bei technischen Geräten wie deinem Laptop oder Smartphone akzeptierst du das vermutlich unhinterfragt. Einige Menschen haben sogar eine Powerbank dabei, um bei Bedarf ihre Geräte nachladen zu können, wenn keine anderen Stromquellen verfügbar sind. Anders sieht es bei den körperlichen und mentalen Ressourcen aus. Hier herrscht oft die Erwartungshaltung, diese könnten immer abgerufen werden und ließen sich bis zum letzten Rest ausschöpfen, ohne dass negative Konsequenzen entstehen.

Tatsächlich kannst du dich zu vielem zwingen und unser Körper ist erstaunlich widerstandsfähig. Irgendwann gerät jedoch selbst die größte Willenskraft an ihre Grenzen und du schadest dir vor allem selbst. Ignorierst du dauerhaft die Warnhinweise deines „Systems“, ist dein Körper gezwungen, sukzessive immer stärkere Geschütze aufzufahren, um endlich Gehör zu finden.

Reflexion:
Hattest du schon einmal den Eindruck, dass ein Tief aus völlig heiterem Himmel kam? War es rückblickend wirklich so – oder gab es, wenn du ehrlich bist, diverse Warnhinweise, die du nicht ernst genommen oder ignoriert hast? Dazu zählen bereits „Kleinigkeiten“ wie Verspannungen, Kopfschmerzen, latente Magenbeschwerden, nächtliches Schwitzen, Schlafprobleme, Gereiztheit, wiederkehrende Infekte und ein grundsätzliches Gefühl der Unruhe.

Lohnenswerte Pausen sind nur auf den ersten Blick Zeitverschwendung.

Was lässt sich tun, um diesem Zustand vorzubeugen und dafür zu sorgen, dass deine inneren Akkus stets eine gewisse „Grundladung“ aufweisen? Eine sehr simple und offensichtliche Maßnahme sind echte und regelmäßige Pausen. Falls bei dir bei dieser Aussage der Impuls einsetzt: „Wie soll ich bitte Pausen machen, wenn ich eh schon keine Zeit habe?“: Lohnenswerte Pausen sind nur auf den ersten Blick Zeitverschwendung. Zwar fehlen dir zunächst tatsächlich fünf oder 10 Minuten, in der Regel holst du diese indirekt aber mehr als auf, weil du insgesamt produktiver bist, dich besser konzentrieren kannst und dir weniger Flüchtigkeitsfehler unterlaufen. Unterbrechungen bei der Arbeit[100] und im restlichen Alltag sind somit bestens investierte Zeit.

Wie sieht eine Pause idealerweise aus? Vermutlich ist dir aufgefallen, dass ich wahlweise von „echten“ und „guten“ Pausen schreibe. Doch wie unterscheidet sich eine lohnenswerte Pause von einer „schlechten“ oder störenden Unterbrechung?

Entscheidend ist, dass eine Pause, die Erholung verschaffen soll, einen Kontrast zu dem darstellt, was du davor getan hast. Hast du lange am Computer gearbeitet, solltest du in deiner Pause eine Bildschirmauszeit machen. Dazu gehört auch, dass du darauf verzichtest, auf dem Smartphone durch diverse Social-Media-Accounts zu scrollen.[101]

In solchen Fällen als Pause deutlich besser geeignet sind Aktivitäten, bei denen du dich kurz von deinem Schreibtisch wegbewegst, eine Tasse Tee oder Kaffee trinkst, durchs Fenster ins Grüne blickst, ein paar Stretching-Übungen machst oder für einen Moment nach draußen ins Freie gehst. Insbesondere grüne und blaue Umfelder, also Umgebungen mit Pflanzen bzw. Bäumen und Wasser haben eine überraschend starke Wirkung auf unsere Psyche und tragen erheblich zu unserer Erholung bei.[102]

Die optimale Pausengestaltung gibt es nicht

Wie lange sollte die optimale Pause dauern? Hier scheiden sich die Geister. So schien das *Time Magazine* im Jahr 2014 den heiligen Gral der Pausengestaltung gefunden zu haben. Dort hieß es, dass eine Analyse des Pausenverhaltens der produktivsten Angestellten erbracht habe, dass diese 52 Minuten mit arbeitsbezogenen Inhalten verbrachten und anschließend eine 17-minütige Pause machten. Dieses 15-bis-20-Minuten-Fenster wurde als goldene Stunde der Produktivität bezeichnet.[103]

An der Dauer der optimalen Pause scheiden sich die Geister.

Allerdings handelt es sich dabei bei Weitem nicht um die einzige Empfehlung zur Pausengestaltung. So empfiehlt die Pomodoro-Technik, die Arbeit in 25-Minuten-Einheiten gefolgt von 5 Minuten Pause zu unterteilen. Fans der sogenannten Micro-Breaks vertreten die Meinung, dass 30 bis 60 Sekunden pro 20 Minuten ideal sind. Was stimmt also? Von 30 Sekunden bis hin zu 20 Minuten ist bei den Empfehlungen alles vertreten!

Die Wahrheit liegt, wie vermutlich oft, dazwischen. So ist die Art der Pause stark davon abhängig, welche Art von Aufgabe du erledigst.[104] Hinzu kommen persönliche Faktoren und Präferenzen. Hast du an einem Tag schlecht geschlafen, steigt die Wahrscheinlichkeit, dass du häufigere und längere Pausen brauchst. Gleiches gilt, wenn du körperlich oder mental sehr anstrengende Aufgaben ausführst.

Was darüber hinaus in der Theorie leicht übersehen wird: die Rahmenbedingungen. Diese lassen sich oft nur in begrenztem Maße beeinflussen oder gar gestalten. So dürfte es zu heftigen Spannungen führen, wenn eine Chirurgin sich alle 25 Minuten aus dem OP verabschiedet, weil laut Pomodoro jetzt eine Pause ansteht, eine Busfahrerin regelmäßig für 60 Sekunden stehen bleibt, weil es Zeit für den Micro-Break ist, oder ein Lehrer sich bei einer Doppelstunde 20 Minuten Pause gönnt, weil es so seinem persönlichen Arbeitsrhythmus besser entspricht.

Arbeitest du in Jobs mit einer vorgegebenen Zeitstruktur oder hast eine Familie und Kinder, helfen dir rigide Vorgaben wenig, auch wenn sie wissenschaftlich noch so gut begründbar sind. Mein Tipp deshalb: Achte darauf, überhaupt Pausen zu machen und dabei einen echten Kontrast zur vorherigen Tätigkeit herzustellen. Sei dir zudem bewusst, dass Erholung selbst dann einsetzt, wenn du die Pause nicht ganz optimal terminierst. Das ist wichtig! Denn hast du für dich verinnerlicht, dass du dich nur erholen kannst, wenn du sozusagen „alles richtig“ machst, setzt dich das unnötig unter Stress und belastet mehr als zu helfen.

Achte darauf, mit der Pause einen echten Kontrast zur vorherigen Tätigkeit herzustellen.

Reflexion:
Wie sieht dein Pausenverhalten aus? Gestehst du dir überhaupt Unterbrechungen zu? Wenn ja, wo und wie finden diese statt? Isst du am Rechner ein paar Kekse und browst dabei durch verschiedene Websites oder wirst du aktiv, verlässt deinen Arbeitsplatz und schaffst gezielt Kontraste?

Mit einem guten Umfeld gegen Krisenstimmung

Pausen und Auszeiten sind ein machtvolles Werkzeug gegen Krisenstimmung und mit Stress verbundene Emotionen. Mindestens so wichtig wie die Pausenzeiten ist jedoch die Umgebung, in der du deine restliche Zeit verbringst. Unter der Woche dürfte das, je nach deiner Lebenssituation, entweder die Arbeit oder dein häusliches Umfeld sein. Notwendigerweise triffst du, live oder digital, dabei auf andere Menschen. Dann tritt ein Effekt ein, den du bereits kennst – Emotionen stecken an, im Positiven wie im Negativen![105] Herrscht grundsätzlich eine positive Grundstimmung, stehen die Chancen höher, dass du selbst ausgeglichen und optimistisch gestimmt bist.

Emotionen stecken an, im Positiven wie im Negativen.

Das ist jedoch mitunter schwer umzusetzen oder zu beeinflussen. Befindet sich etwa die Firma, in der du arbeitest, in einer wirtschaftlich prekären Lage, schlägt sich das auf die Stimmung nieder und wird Inhalt vieler Gespräche sein. Möglicherweise stellt sich sogar das ein, was die Coachin und Psychologin Katharina Fehse als „Jammer- oder Problemtrance“ beschreibt. Dabei handelt es sich um einen Zustand, in dem die Mitarbeitenden so fokussiert auf die Krisensituation sind, dass ein konstruktiver

Umgang damit unmöglich wird. Der Begriff „Problemtrance“ ist in diesem Kontext übrigens keineswegs abwertend gemeint.[106]

Hat ein solcher Zustand einmal eingesetzt, braucht es einen strategischen und durchdachten Ansatz sowie ein aktives Gegensteuern. Lässt man die Dinge einfach weiterlaufen, greift der „Kotzmodus“ immer weiter um sich und die Krise wird zum dominierenden Thema. Eine mögliche Lösungsstrategie besteht darin, die Sorgen, Bedenken, Ängste und Verärgerung ernst zu nehmen und diesen Empfindungen Raum zu geben, gleichzeitig jedoch für Kontrapunkte zu sorgen und die Diskussion gezielt zurück zu lösungsorientierteren Themen zu führen.

Diesen Perspektivwechsel kannst du selbst nur bedingt leisten. Je nach deiner eigenen Position kannst du aber die entsprechenden Anregungen dafür geben oder, beispielsweise als Führungskraft, die ersten Maßnahmen einleiten. Ist die Lage bereits sehr verfahren, hilft gegebenenfalls eine neutrale Moderation, etwa durch einen externen Coach oder Berater.

Emotionale Anpassung an deine Umgebung kann in vielen Bereichen stattfinden. Neben deinem Arbeitsumfeld beeinflussen dich unterschwellig deine Familie, dein Freundeskreis und sogar dein virtuelles Umfeld, also die Plattformen oder Online-Foren, in denen du dich bewegst.[107] Wähle vor allem Letztere sehr bewusst aus und reflektiere regelmäßig, welche Wirkung eine bestimmte Form des Austauschs auf dich hat bzw. wie deine Stimmung nach der Interaktion in einzelnen Foren ist.

Wähle Plattformen oder Online-Foren danach aus, welche Wirkung dieser Austausch auf dich hat.

In der Familie und im Freundeskreis musst du dich dagegen mit bestimmten Gegebenheiten arrangieren. Das schließt ein, bei Problemen ein offenes Ohr zu haben, anstatt alles abzublocken, was der eigenen Stimmung abträglich ist. Idealerweise sollten diese „Auskotzphasen“ allerdings zeitlich limitiert sein. Dieses Vorgehen kennst du bereits aus den Techniken zu deinem eigenen Umgang mit belastenden Gedanken wie dem „Sorgenstuhl“.

Analog dazu könnt ihr euch darauf einigen, „Jammerphasen“ auf bestimmte Zeitfenster zu beschränken und anschließend zu anderen Themen überzugehen oder Aktivitäten einzustreuen, die den Fokus auf etwas gänzlich anderes lenken. So gestaltet sind persönliche Beziehungen und Freundschaften eine sehr wertvolle Ressource, die dich in Krisenzeiten stärkt und dir hilft, Tiefpunkte zu überwinden![108]

Reflexion:
Wie sieht dein soziales Umfeld aus und wie ist die generelle Stimmung? Gibt es gemeinsame optimistische und hoffnungsvolle Momente oder überwiegt das Krisenempfinden? Wie und in welchem Rahmen ließe sich das verändern?

Beziehungen zu anderen positiv gestalten

Wie kannst du Beziehungen zu anderen positiv gestalten? Mit dieser Frage setzt sich die Positive Psychologie intensiv auseinander. Diese Schule innerhalb der Psychologie betrachtet Beziehungen als so essenziell, dass sie ihnen im sogenannten PERMA-Modell einen eigenen Buchstaben widmet, nämlich das R wie „relationships“, also Beziehungen.

Das PERMA-Modell stammt ursprünglich von Prof. Dr. Martin Seligman, dem Begründer der Positiven Psychologie. Es beschreibt fünf

Bausteine, die für das „Erblühen“ von Individuen notwendig sind und maßgeblich zu unserem Wohlbefinden und unserer Zufriedenheit beitragen.[109] Dabei handelt es sich um P = Positive Emotionen, E = Engagement, R = Relationships (Beziehungen); M = Meaning (Sinn), A = Accomplishment (Zielerreichung).

Anders als mitunter dargestellt, bietet die Positive Psychologie weitaus mehr als eine bloße „Happiologie“ oder ein naives „Das Glas ist voll“-Denken. Vielmehr vermittelt sie, wie wir selbst über unsere Einstellungen und Haltungen dazu beitragen können, unser Wohlbefinden zu steigern. Zu diesem Zweck wurden eine Reihe von Tools und Methoden entwickelt. Eine davon ist das „Active Constructive Responding“ (ACR).

Die Positive Psychologie hilft, über unsere Einstellungen und Haltungen unser Wohlbefinden zu steigern.

Das ACR stellt das Kernmodell positiver Kommunikation dar und lässt sich auf Deutsch mit „aktiv-konstruktives Reagieren/Antworten“ übersetzen. Worum geht es? Im ACR hältst du beispielsweise Blickkontakt mit deinem Gegenüber, ihr seid euch gegenseitig zugewandt und zeigt eure Begeisterung, zum Beispiel, wenn es darum geht, sich miteinander zu freuen oder gemeinsam auf eine gute Nachricht zu reagieren. Diese Art des Zugewandtseins ist ebenso hilfreich beim gemeinsamen Umgang mit schlechten Nachrichten, Stress, Trauer, Angst etc. Die Technik ist leicht zu erlernen und mit etwas Übung in vielerlei Kontexten einsetzbar.[110,111]

Lerne, Unterstützung anzunehmen

Zum persönlichen Umfeld gehört neben dem Zuhören auch die Frage nach gegenseitiger Unterstützung. Auf den vorangegangenen Seiten hast du bereits mehrfach gelesen, dass es klug ist, dir bei Bedarf Hilfe zu holen. Ebenso hast du in einem der vorherigen Kapitel mögliche Anlaufstellen kennengelernt, angefangen von Freunden und Familie bis hin zu Ärzten und Therapeuten. Auf Erstere, Freunde und Familie, möchte ich noch einmal genauer eingehen.

Unter Umständen ist dein persönliches Umfeld gerade auf wenige Personen beschränkt oder es kämpfen alle mit ihren eigenen Problemen, sodass kaum Kapazität für Zusatzaufgaben besteht. Dann kannst du ohnehin nur punktuell auf diese Hilfsquelle zurückgreifen und musst dich auf andere Unterstützer konzentrieren. Verfügst du dagegen über ein stabiles und belastbares Umfeld, bietet sich dir eine wertvolle Ressource.

Nutze diese! Diesen Punkt betone ich besonders, da ich in der Praxis häufig erlebe, dass Menschen zwar jederzeit bereit sind, anderen zu helfen, sich umgekehrt jedoch scheuen, selbst Hilfe in Anspruch zu nehmen. Das ist besonders oft bei Menschen der Fall, die es gewohnt sind, zu funktionieren und viel Verantwortung zu tragen und grundsätzlich eine „Geht nicht gibt's nicht"-Mentalität vertreten. Stehen sie vor der Entscheidung, andere um Hilfe zu bitten, kommen Gedanken auf wie: „Ich will niemandem zur Last fallen", „Mir ist es peinlich, wenn ich Schwäche zeigen und zugeben soll, dass mir alles über den Kopf wächst" oder „Eigentlich müsste ich ja die Dinge bloß nicht so nah an mich heranlassen, dann würde es schon gehen."

Befeuert und verstärkt werden solche Überlegungen durch innere Überzeugungen und Glaubenssätze, die sich über Jahre entwickelt und gefestigt haben. Dazu zählen Leitsprüche wie „Ich muss alles alleine schaffen", „Ich darf für niemanden eine Bürde sein" und „Nicht allein zurechtzukommen ist ein Zeichen von Schwäche". Erkennst du dich in einem dieser Sätze wieder? Wenn ja, dann ist das ein bedeutender erster Schritt, ihn zu verändern!

Sobald du erkennst, welche Überzeugungen und Leitsätze dein Verhalten unbewusst steuern, kannst du darangehen, sie zu überschreiben und durch neue, hilfreichere Credos zu ersetzen. Sei dabei geduldig mit dir selbst. Derartige Glaubenssätze entstehen über Jahre bis Jahrzehnte und werden dabei zigfach wiederholt. Sie zu überschreiben und zu ersetzen braucht Zeit und Wiederholung.

Glaubenssätze zu überschreiben und zu ersetzen braucht Zeit und Wiederholung.

Fang am besten mit ein oder zwei Überzeugungen an, die bei dir besonders stark ausgeprägt sind, und überlege dir neue, günstigere Formulierungen, etwa „Es ist vollkommen in Ordnung, gelegentlich Unterstützung anzunehmen“ oder „Gemeinsam lässt sich vieles besser bewältigen“. Wiederhole sie immer dann, wenn du feststellst, dass dich der Impuls überkommt, doch alles allein machen zu wollen, oder wenn du dich unwohl fühlst, ein Hilfsangebot anzunehmen.

Reflexion:
Wo und wann nimmst du Hilfe an? Wie fühlst du dich dabei? Wie geht es dir, wenn du andere Menschen unterstützt? Welche der beiden Rollen fällt dir leichter und warum? Wo wäre es sinnvoller für dich, fremde Hilfe anzunehmen, anstatt zu versuchen, alles im Alleingang zu lösen?

Eine gute Beziehung zu dir selbst herstellen

Im vorherigen Abschnitt ging es viel um deine persönlichen Beziehungen zu anderen Menschen. Sie bilden eine wichtige Ressource für dein Wohlbefinden und deine Balance. Mindestens genauso wichtig ist aber deine Beziehung zu dir selbst. Warum? Beziehungen zu anderen Menschen leiden oder Konflikte entstehen dann besonders oft, wenn du mit dir selbst unzufrieden bist.

Oft schenken wir der Beziehung zu anderen Menschen mehr Aufmerksamkeit als unserer Haltung uns selbst gegenüber.

Kannst du dich gerade selbst nicht leiden oder gehst du dir auf den Nerv, fällt es schwer, vertrauensvolle und wertschätzende Beziehungen zu anderen aufzubauen, positive Emotionen zu spiegeln und sie auf dich überspringen zu lassen. Trotzdem schenken wir der Beziehung zu anderen Menschen meist mehr Aufmerksamkeit als unserer Haltung uns selbst gegenüber. Wie sieht es bei dir aus?

- Magst du dich insgesamt oder bist du häufiger von dir genervt?
- Hast du mitunter den Eindruck, nicht wirklich du selbst zu sein und dich anders zu verhalten, als du es eigentlich möchtest? Reagierst du beispielsweise über, obwohl du es nicht willst und es dir hinterher leidtut?
- Bist du häufig frustriert, weil du weißt, was du anders machen müsstest, aber die Umsetzung fehlschlägt und du in alte Muster und Gewohnheiten zurückfällst?

Lautet die Antwort auf eine oder mehrere dieser Fragen „Ja“, gibt es verschiedene Ansatzpunkte. Ein erster zentraler Aspekt: Stress. Wie du weißt, wirkt sich Stress maßgeblich auf dein Gehirn aus und beeinflusst dein Denken und deine Wahrnehmung. Bewegst du dich mehr oder weniger dauerhaft im gelben oder roten Bereich, also der Zone, in der dein System auf Flucht, Kampf oder Erstarrung ausgelegt ist, schlägt sich das zwangsläufig auf deine Stimmung und dein Verhalten nieder. Vor allem Phänomene wie Dünnhäutigkeit, Gereiztheit und Überreaktionen treten dann besonders häufig auf.

Diese Zustände hängen eng mit deinem autonomen Nervensystem zusammen. Sie werden also in hohem Grad autonom gesteuert, das heißt, sie laufen unwillkürlich ab. Die von dem US-amerikanischen

Psychologen und Neurowissenschaftler Prof. Stephen Porges entwickelte Polyvagaltheorie[112] bietet einen griffigen und praxiserprobten Ansatz, der diese Zusammenhänge erklärt und aufzeigt, welche Reaktionen sie auf physischer wie psychischer Ebene auslösen.

Die drei F: fight, flight, freeze

Die körperlichen Reaktionen auf Stress sind den meisten mittlerweile sehr geläufig. Doch wie sieht es mit den psychischen Reaktionen aus? Welche Ausprägungen gibt es und wie zeigen sie sich? Über Kampf, Flucht und Erstarrung haben wir bereits gesprochen. In der neueren Literatur wird den „drei F" („fight, flight, freeze") mitunter noch eine vierte Komponente, nämlich „fawn", hinzugefügt.[113] Der Begriff wurde ursprünglich von Pete Walker[114] geprägt. „Fawn" bedeutet im Englischen einerseits Rehkitz, andererseits aber auch schleimen oder sich anbiedern. Die daraus abgeleitete „fawn response" bezeichnet somit eine Form der Beschwichtigungsstrategie, bei der versucht wird, Konflikte zu entschärfen, indem man es nach Möglichkeit allen recht macht und die Gegenseite dadurch besänftigt.[115]

Diese möglichen Reaktionen wurden bislang insbesondere im Kontext der Traumatherapie näher untersucht.[116] Sie lassen sich aber offensichtlich ebenso auf andere akute Stressreaktionen und das Gefühl physischer oder mentaler Bedrohung übertragen.[117]

Wir alle sind ab und an gestresst, verhalten uns überkritisch und können vor Unruhe nicht mehr stillsitzen – das ist normal!

Gleich vorneweg: Viele der beschriebenen Tendenzen finden sich in abgeschwächter Form bei so gut wie jedem Menschen. Wir alle sind irgendwann einmal gestresst und genervt, verhalten uns harsch oder überkritisch und können vor Unruhe nicht mehr stillsitzen. Treten diese Tendenzen gelegentlich auf, ist das vollkommen normal! Selbst wenn sich einzelne Züge häufiger zeigen, ist das noch kein Grund zur Besorgnis.

Hinzu kommt, dass eine Selbsteinschätzung oder eine Bewertung aus dem Freundes- oder Familienkreis zwar eine gewisse Aussagekraft hat, aber keine professionelle Diagnose ersetzt. Hast du den Eindruck, dass einzelne Verhaltensweisen bei dir überhandnehmen und/oder du darunter leidest, wende dich an eine Expertin oder einen Experten.

Dennoch ist es sinnvoll, dass du dich grundsätzlich mit Reaktionen, Emotionen und Verhaltensweisen auseinandersetzt, die bei Stress bei dir auftreten. Auf diese Weise erkennst du Zusammenhänge zwischen einzelnen Situationen und bestimmten Verhaltensmustern, die dir vorher nicht bewusst waren oder die du gerne in den Griff bekommen würdest.

Die Zustände deines Nervensystems und die entsprechenden Verhaltensweisen liefern dir wertvolle Informationen.

Mehr Balance im Nervensystem schaffen

Geht es darum, diese Zusammenhänge zu erkennen und einzuordnen, liefern dir die Zustände deines Nervensystems und die entsprechenden Verhaltensweisen wertvolle Anhaltspunkte und Erklärungsansätze. Unter Umständen stellst du dabei fest, dass du nicht „auf einmal" bestimmte Charakterzüge entwickelt hast, sondern dass deine Reaktionen vielmehr Ausdruck der verschiedenen Zustände deines autonomen Nervensystems sind.

Wie kann es geschehen, dass plötzlich einige davon so viel stärker zum Vorschein treten? Eine mögliche Erklärung ist, dass dein grüne Zone, also der Bereich, in dem vor allem der ventrale Vagusnerv aktiv ist und in dem du dich insgesamt entspannt und wohlfühlst, durch den Stress, dem du ausgesetzt warst, gelitten hat und dadurch geschrumpft ist. Im Umkehrschluss bedeutet das, dass kleinere Auslöser ausreichen, um dich in die gelbe oder rote Zone zu katapultieren und die oben beschriebenen Verhaltensweisen auslösen. Du wirst also beispielsweise aggressiv und gereizt, beginnst, dich immer mehr zurückziehen oder stellst deine Bedürfnisse zunehmend zurück, um es den anderen bloß recht zu machen. Je kleiner deine grüne Zone, desto mehr nehmen diese für dich unangenehmen Emotionen und Verhaltensweisen zu.

Diese Effekte lassen sich inzwischen wissenschaftlich beschreiben: Das „Window of Tolerance", also das Fenster, in dem du ausgeglichen und belastbar bist und dich gut fühlst, verkleinert sich bei anhaltender Belastung und wirkt sich auf deine physischen wie psychischen Zustände aus.[118] Dabei intensivieren sich diejenigen Symptome, die du „weghaben" möchtest. Sie werden somit präsenter. Konzentrierst du dich in solchen Momenten zusätzlich darauf und kämpfst mit aller Kraft gegen sie an, erreichst du leider in der Regel das Gegenteil dessen, was du eigentlich erzielen möchtest. Anstatt eine Beruhigung herbeizuführen, verstärkst du die belastenden Symptome und fühlst dich dadurch noch gestresster und angespannter.

Weitaus hilfreicher ist deshalb in solchen Fällen die Konzentration auf das „Hin-zu", also den Zustand, den du erreichen willst, hier also Ausgleich, Balance und Stabilität. Anfangs kann das frustrierend sein, weil die unangenehmen Zustände überwiegen und du, etwa bei einem bestehenden Hyperarousal, nur kurze Phasen in der grünen Zone erlebst. Nimm diese besonders bewusst wahr! Versuche zusätzlich, sie bewusst zu kultivieren, etwa indem du Aktivitäten in deinen Alltag integrierst, die „grüne" Zustände befördern und bei denen du dich grundsätzlich wohlfühlst oder Momente größerer Ruhe, Entspannung und Ausgeglichenheit empfindest. Schrittweise lässt sich so ein geschrumpftes Toleranzfenster wieder aufbauen.

Sinnvoll ist die Konzentration auf das „Hin-zu", also den Zustand, den du wieder erreichen willst.

Hol dir bei diesem Schritt jederzeit Unterstützung durch einen Experten. Insbesondere bei starken Symptomen wie etwa anhaltenden Unruhezuständen ist es wichtig abzuklären, welche Ursachen tatsächlich zugrunde liegen und ob beispielsweise eine somatische Erkrankung oder hormonelle Dysbalance vorliegt.

Ist dieser Punkt abgeklärt und zeichnet sich ab, dass deine Stimmungswechsel und die damit einhergehenden Symptome vorrangig stress- oder belastungsbedingt sind, stellt sich natürlich die Frage nach dem Umgang mit dieser Diagnose. Ich erlebe in der Praxis häufig, dass Klienten einerseits erleichtert sind, keine schlimme körperliche Erkrankung zu haben, die Symptome andererseits aber fortbestehen und sie unsicher sind, was sie dagegen tun können.

Ein Ansatz, der aus meiner Erfahrung oft sehr schnell und effektiv wirkt, ist die Arbeit an und mit dem autonomen Nervensystem. Diese Herangehensweise hat in anderen Ländern eine deutlich längere Tradition als in Deutschland, findet langsam aber auch hier zunehmend Zuspruch. Insbesondere Methoden, die auf der Polyvagaltheorie beruhen, werden immer bekannter und verbreiteter.

Suchst du nach den entsprechenden Übungen, findest du insbesondere im Internet sehr viel dazu, darunter sehr gutes Material, allerdings leider auch einige Seiten von eher zweifelhafter Qualität. Mich persönlich überzeugt insbesondere die Methodik von Deb Dana, die eng mit Stephen Porges, dem Begründer der Polyvagaltheorie, zusammenarbeitet. Sie empfiehlt, die Funktionsweise deines Nervensystems zunächst genauer kennenzulernen, also genau zu beobachten, welche Reaktionen in welchen Situationen eintreten. So schärfst du gleichzeitig deinen Blick für die Übergänge und erkennst, wann dein Nervensystem zum Beispiel von der grünen (Entspannung, Ruhe) in die gelbe Zone (Stress, Anspannung, Bedrohung) rutscht.

Diese Beobachtung klingt komplizierter, als sie in der Praxis ist! Es reicht für den Anfang aus, wenn du dir Fragen stellst wie: Wann treten Wechsel und Übergänge auf? Was sind Auslöser? Wie gestalten sich deine Empfindungen auf körperlicher wie auf emotionaler Ebene? Parallel dazu übst du, Erregungszustände selbstständig abzubauen und deine Reaktionen zu regulieren, etwa mithilfe der Grounding-Techniken, die du an früherer Stelle schon kennengelernt hast. Bei der Frage, was für dich am besten funktioniert, unterstützt dich ein Coach oder eine Therapeutin!

Sie unterstützen dich auch beim „Training“. Möchtest du mit den Zuständen deines autonomen Nervensystems arbeiten, wählst du zunächst Situationen aus, die dich nur wenig belasten, und arbeitest in Gedanken damit. So gewinnst du ein Gefühl dafür, wie du dich selbst bremsen kannst, wenn dein Aktivierungslevel in einen unangenehmen Bereich steigt. Gelingt es dir zunehmend, Hyperarousals selbstständig auszugleichen, kannst du die erlernten Techniken zunehmend im Alltag nutzen und sie auch in schwierigen Situationen einsetzen, um selbst dann mehr Ruhe und Balance zu bewahren. Auf diese Weise gelingt es dir gleichzeitig, die mit der gelben und roten Zone verbundenen Stimmungslagen besser in den Griff zu bekommen. Lass dich, wenn dich diese Methoden und Ansätze interessieren, individuell beraten.

Gelingt es dir zunehmend, selbstständig Zustände der Übererregung auszugleichen, kannst du diese Techniken für mehr Balance im Alltag nutzen.

Einen guten Einstieg in die Thematik bieten darüber hinaus Bücher wie „Der Selbstheilungsnerv“ von Stanley Rosenberg[119] und die Ratgeber von Deb Dana[120].

Mit „Selfcare" gegen den Krisenmodus

Eine weitere gute Strategie gegen den Krisen- und Panikmodus, die eigentlich sehr offensichtlich ist: Balance, Ausgleich und Stabilität. Diese kannst du durch einige Maßnahmen fördern, die sehr simpel und noch dazu kostengünstig sind. Der ausschlaggebende Punkt ist zumeist, dass du dir dafür die Zeit nimmst, anstatt sie als überflüssigen Luxus abzutun.

Bei diesen simplen Mitteln handelt es sich letztlich um die Bausteine für ein gesundes Leben. In der Theorie kennst du sie sicherlich so gut wie alle! Kompakt zusammengefasst sind sie in Empfehlungen von Institutionen wie der WHO, die für einen gesunden Lebensstil beispielsweise eine ausgewogene Ernährung sowie ausreichend Bewegung empfiehlt.[121]

Etwas ausführlicher ist eine Liste der Mayo Clinic, die in sieben Einzelpunkten die zentralen Aspekte für ein glückliches und gesundes Leben aufzählt. Dazu gehören:[122]

- nahrhaftes Essen
- ausreichend Schlaf (für die meisten Menschen ca. sieben bis acht Stunden)
- Zeit mit Menschen, die dir guttun
- „Überdosis" an Nachrichten vermeiden
- regelmäßige Bewegung
- sinnhafte Tätigkeiten
- „gute" Gedanken für andere

Wie gut kümmerst du dich insgesamt um deine physische wie mentale Gesundheit und wo gibt es noch blinde Flecken?

Viele dieser Punkte dürften dich an das erinnern, was du bereits in den vorherigen Abschnitten gelesen hast. Sicherlich fallen die Schwerpunkte individuell verschieden aus und du wirst mit der einen Maßnahme mehr, mit der anderen weniger anfangen können. Als grundsätzlicher Fahrplan oder Anhaltspunkt eignet sich die Aufzählung jedoch sehr gut! Sie erlaubt es dir zudem, einen Überblick zu gewinnen, wie gut du dich insgesamt um deine physische wie mentale Gesundheit kümmerst und wo es noch blinde Flecken gibt.

Aus meiner Erfahrung werden vor allem die ersten beiden Punkte bei Stress leicht vernachlässigt, also Schlaf und eine sinnvolle Ernährung. Fraglos: Die eine oder andere kürzere Nacht kommt bei jedem vor, genauso wie gelegentliches Junkfood. Ausnahmen darf es geben! Du solltest nur im Blick behalten, wie es dir langfristig damit geht.

Kommst du grundsätzlich mit wenig Schlaf aus, ist es möglich, dass dir dauerhaft weniger als sieben Stunden Schlaf ausreichen. Bist du jedoch ein genetischer „Vielschläfer“, fühlest du dich erst dann richtig wohl, wenn du auf gute acht oder sogar neun Stunden kommst. Permanent gegen diese Bedürfnisse zu leben, verursacht Stress und steigert deine Anfälligkeit für mentale wie physische Beschwerden. Schenke daher den oben genannten Dimensionen regelmäßig Aufmerksamkeit und überlege für dich, an welchen Stellschrauben du vielleicht wieder einmal drehen solltest.

DEIN PLAN: Was ist dein Veränderungsziel für mehr Balance? Was willst du tun – und wann fängst du damit an? Schreibe deine Pläne auf und verleihe ihnen so Verbindlichkeit!

Dein persönlicher Rückzugsort

In diesem Kapitel hast du viel über die Bedeutung von Sicherheit, Geborgenheit und einem positiven Umfeld gelesen. Genau das sind die Bedingungen, die mentale Erholung überhaupt erst ermöglichen und zulassen. Bist du innerlich ständig angespannt, fällt es dir schwer, gedanklich loszulassen oder dich gefühlt „fallen zu lassen".

Möglicherweise wendest du jetzt ein: „Das ist richtig – aber was tue ich, wenn die Umstände bei mir schlichtweg anders sind?" Dieser Einwand ist berechtigt. Tatsächlich ist es so, dass es Phasen gibt, in denen die Welt bedrohlich und gefahrvoll wirkt und dieser Eindruck selbst mit diversen Strategien zur Veränderung der Wahrnehmung bestehen bleibt. Ebenso gibt es Zeiten, in denen dein Umfeld dich nur bedingt unterstützen kann und du ein Stück weit auf dich allein gestellt bist.

Was also tun? Oft tritt in solchen Momenten der Impuls ein, nur noch wegzuwollen, am besten an einen weit entfernten Ort, fernab von Krisen, Katastrophen, Anforderungen und Verpflichtungen. Diesen Ort kannst du in gewisser Hinsicht selbst schaffen. Sehr bewährt hat sich dafür eine Technik, die ursprünglich aus der Traumatherapie stammt und von der auf Traumatherapie spezialisierten Ärztin und Autorin Luise Reddemann entwickelt wurde. Inzwischen gibt es zahlreiche Anleitungen, wie du in deiner Vorstellung einen sicheren Ort oder „Ort der Geborgenheit" erschaffst. An diesen kannst du dich jederzeit zurückziehen und dir so eine Auszeit verschaffen.

Mit einem inneren „Ort der Geborgenheit" kannst du dich jederzeit zurückziehen und dir eine Auszeit verschaffen.

Ein Merkblatt mit einer Anleitung, das von Ärzten und Psychologen der Universität Zürich und der ETH erstellt wurde, findest du beispielsweise unter dem nebenstehenden QR-Code.

Diese Anleitungen sind inzwischen in vielen Sprachen kostenfrei verfügbar, darunter aus aktuellem Anlass auch Russisch und Ukrainisch.[123]

Bei der Anwendung für therapeutische Zwecke solltest du dich von einem Experten begleiten lassen. Geht es darum, für dich selbst einen Ort der Sicherheit zu kreieren, um deine innere Balance zu stärken, ist diese Übung für die selbstständige Anwendung bestens geeignet und du kannst sie mit etwas Übung leicht alleine ausführen.

DEIN PLAN: Hast du bereits einen inneren Rückzugsort? Wie sieht er aus? Wann nutzt du ihn und könntest du ihn noch häufiger oder bewusster einsetzen?

Sei großzügig zu dir selbst!

Du hast in diesem Buch zahlreiche Impulse und Tipps für Veränderungen bekommen. Vielleicht hast du sogar schon damit begonnen, sie umzusetzen, spürst die ersten positiven Veränderungen und hattest einzelne Erfolgserlebnisse. Das wäre das Ergebnis, über das ich mich am meisten freue!

Fortschritt verläuft meist in Wellen statt linear.

Allerdings verläuft der Fortschritt meist in Wellen statt linear, es geht also auf und ab, anstatt kontinuierlich nur nach oben. Das ist wie beim sportlichen Training. Beginnst du zu trainieren, erlebst du anfangs schnelle Fortschritte. Mittel- bis langfristig treten daneben jedoch Phasen der Stagnation auf sowie Perioden, in denen du hinter das zurückfällst, was du schon einmal leisten konntest. Solche Rückschritte sind lästig, aber notwendiger Teil des Prozesses.

Im psychischen Bereich ist es ähnlich: Selbst wenn du alle Übungen „richtig“ ausführst, kann es trotzdem gelegentliche Tiefpunkte und Rückschläge geben. Die positive Nachricht: Über längere Zeiträume gesehen fallen diese Tiefpunkte meist zunehmend kürzer und schwächer aus. Lass dich daher nicht verunsichern, wenn es den einen oder anderen schlechteren Tag gibt und du dir denkst: „Moment, das ging aber schon mal besser.“ Gib dir in solchen Momenten vor allem nicht die Schuld. Du hast bei den Übungen möglicherweise alles zu 100 % „richtig“ gemacht, aber dein System reagiert trotzdem gerade anders oder die Belastung durch die Rahmenbedingungen ist so hoch, dass sie einzelne Symptome wieder auslöst oder intensiviert.

Selbstkritik, Selbstvorwürfe und ein schlechtes Gewissen kommen auch dann ins Spiel, wenn es um Selbstdisziplin und Kontinuität geht. Du hast in diesem Buch wiederholt gelesen, dass Regelmäßigkeit und Beständigkeit zentral sind und die Maßnahmen nur dann ihre volle Wirkung entfalten können, wenn du sie umsetzt. Grundsätzlich betrachtet ist das vollkommen richtig. Allerdings weiß ich genauso gut, dass im Leben manchmal Dinge dazwischenkommen oder dass selbst der willensstärkste und disziplinierteste Mensch mitunter einen Punkt erreicht, an dem die Motivation oder die Kraft fehlt, sich dazu aufzuraffen, erneut „an sich zu arbeiten“ und sich einmal mehr mit der eigenen psychischen Verfassung auseinanderzusetzen, obwohl das eigentlich ein Thema ist, das du in diesem Moment am liebsten ausblenden würdest.

Sei in diesen Momenten großzügig zu dir selbst. Wenn du diesen Ratgeber gekauft und bis hierhin gelesen hast, gehörst du ohnehin zu denjenigen Menschen, die ihr eigenes Verhalten reflektieren und bereit sind, etwas zu verändern. Allein diese Haltung ist etwas, auf das du stolz sein kannst! Treten kürzere Phasen auf, in denen du in alte Muster

Sei großzügig zu dir selbst, wenn du kurzzeitig in alte Muster zurückfällst oder das Angestrebte nicht erreichst!

zurückfällst oder das Angestrebte nicht erreichst, ärgerst du dich vermutlich schon genug über dich selbst. Das Letzte, was du dann brauchst, ist ein innerer Kritiker, der dir dein „Versagen" vorwurfsvoll vor Augen führt.

Setze in solchen Fällen daher lieber auf Verständnis und eine gewisse Großzügigkeit gegenüber dir selbst. Der Satz „Nobody's perfect" ist schnell dahingesagt – ihn in den entscheidenden Situationen zu verinnerlichen und wirklich zu fühlen, dass es okay ist, Fehler zu machen, ist eine andere Sache! Sei, sofern die „Ausnahmen" nicht überhandnehmen, daher großzügig dir selbst gegenüber, wenn du anstatt der angestrebten 100 % bei der Umsetzung nur auf 70 % oder 80 % gekommen bist. Selbst, wenn es nur 50 % sind: Ein Anfang ist gemacht. Halte daran fest und geh den eingeschlagenen Weg weiter!

Mit diesem Abschnitt ist nun auch unsere nächste Etappe geschafft. Du hast drei zentrale Stellschrauben kennengelernt, mit denen du dein Befinden selbst beeinflussen und zum Positiven verändern kannst. Viele der Maßnahmen wirken dabei in doppelter Hinsicht. Sie unterstützen dich einerseits dabei, das akute Krisenempfinden zu verringern. Andererseits helfen sie dir, deine innere Balance zu stärken und tragen somit präventiv dazu bei, solche Zustände künftig zu verringern oder zu vermeiden.

Insbesondere aufgrund des zweiten Effekts lohnt es sich, dass du die ausgewählten Übungen fortführst, sobald sich eine Besserung eingestellt hat und sie mittelfristig zu einer festen (und hoffentlich angenehmen!) Routine werden, mit der du regelmäßig deine Akkus auffüllen und Spannungen, Krisenempfindung und Besorgnis abbauen kannst. Falls das nicht sofort gelingt: Experimentiere so lange mit einzelnen Maßnahmen, bis du das Programm gefunden hast, mit dem du dich wohlfühlst und das in deine Tagesabläufe passt.

Wenn es anfangs nicht so läuft, wie du dir das vorstellst: Gib nicht vorschnell auf! Manchmal braucht es etwas Zeit, um mit einer Methode warm zu werden und zu erkennen, ob sie für dich geeignet ist oder nicht. Behalte dir gleichzeitig jedoch eine gewisse Flexibilität bei: Wenn sich die Umstände und damit deine Bedürfnisse geändert haben, dann ändere auch dein Programm und passe es an die neue Situation an. So gelingt es, selbst in schwierigen Phasen Balance, Mut und Lebensfreude zu bewahren oder schneller zu ihnen zurückzukehren.

Gib nicht vorschnell auf – manchmal braucht es etwas Zeit, um mit einer Methode warm zu werden und zu erkennen, ob sie für dich geeignet ist.

Wenn eine Krise dich aus der Bahn wirft

Wir alle verfügen über eine gewisse Resilienz und mentale Stärke. Diese ist von unterschiedlichen Faktoren abhängig. Manche davon sind beeinflussbar, andere dagegen nicht. Zu einem gewissen Grad lässt sich die persönliche Widerstandsfähigkeit also stärken und damit Krisen vorbeugen. Manchmal treffen uns jedoch Ereignisse, die das Maß dessen überschreiten, was wir zu bewältigen in der Lage sind.

Das kannst du dir vorstellen wie bei einem Knochenbruch oder Bänderriss. Du kannst noch so gut austrainiert sein, wenn die Kräfte, die auf dich einwirken, eine bestimmte Grenze überschreiten, gibt die Struktur unweigerlich nach. Ähnlich ist es mit deiner Psyche. Sind die Ereignisse zu viel, zu intensiv, zu groß oder dauern sie über zu lange Zeiträume an, gerätst du an einen Punkt, an dem die „Verletzung“ so groß ist, dass deine eigenen Ressourcen überfordert sind und es Hilfe von außen braucht.

Psychische Notfälle

Ganz akut gilt es in solchen Situationen festzustellen, ob ein Notfall vorliegt. Diese gibt es auch im psychischen Bereich! Dieser Punkt ist wichtig, denn viele haben bei medizinischen Notfällen das Bild von schweren körperlichen Verletzungen oder Erkrankungen vor Augen. Ein Notfall kann aber ebenso psychischer Natur und damit genauso akut und behandlungsbedürftig sein. Leider kommt es bei dieser Art von Notfall noch immer vor, dass sie nicht oder deutlich später erkannt werden und dadurch eine unzureichende Versorgung stattfindet.[124]

Ein Notfall kann auch psychischer Natur sein und ist damit genauso akut und behandlungsbedürftig.

Welche Symptome treten in solch massiven Krisen auf? Meist ist es so, dass sich die Reaktionen im zeitlichen Verlauf verändern. Typisch ist diese Abfolge: Zunächst setzt ein Gefühl der Betäubung, Entfremdung oder Erstarrung ein. Darauf folgt ein Zustand plötzlicher Übererregung mit Symptomen wie Herzrasen, Schweißausbrüchen, Kurzatmigkeit, starker Unruhe etc. Diese Überaktivierung kann im Folgenden anhalten oder bereits bei kleinen Stressbelastungen wieder einsetzen.

Stellst du derartige Anzeichen bei dir oder anderen fest, solltest du dich von einem Experten beraten lassen, wie das weitere Vorgehen am besten aussieht und welche Maßnahmen erforderlich sind.

Wenn aus einer Krise eine Erkrankung wird

Furchtbare Erlebnisse, hochgradiger Stress und schmerzliche Erfahrungen hinterlassen ihre Spuren. Im akuten Zustand ist das höchst unangenehm und körperlich wie psychisch belastend. Grundsätzlich sind derartige Reaktionen aber „normal". Viele der anfänglichen Symptome legen sich nach einiger Zeit von selbst wieder oder schwächen sich deutlich ab. Bei schwerwiegenden Erfahrungen bleibt dann zwar etwas zurück, das Erlebte findet aber seinen Platz und wird zu einem Teil deiner Vergangenheit. Die Erinnerung ist beispielsweise weiterhin mit Emotionen wie Trauer, Bedauern und Wehmut verbunden, aber sie hat aufgehört, die Gegenwart zu dominieren. Das ist vergleichbar mit einer offenen Verletzung, die zunächst massive Schmerzen und Probleme bereitet, dann verschorft, irgendwann ausheilt und schließlich eine Narbe zurücklässt, die gelegentlich zieht, deinen Alltag aber nicht mehr beeinträchtigt.

Furchtbare Erlebnisse, hochgradiger Stress und schmerzliche Erfahrungen hinterlassen ihre Spuren.

Wie bei einer physischen Verletzung kann es jedoch geschehen, dass der Heilungsprozess an irgendeiner Stelle gestört wird und ins Stocken gerät. Anstatt abzuflauen, dauern die Symptome dann an oder verschlimmern sich sogar. Tritt ein solcher Fall ein, braucht es ärztliche oder therapeutische Unterstützung. So lässt sich abklären, was die genauen Ursachen sind und ob beispielsweise eine Traumafolgestörung vorliegt.

Achtung: An dieser Stelle ist es wichtig, zwischen einem Trauma, also dem Erlebnis, und einer Traumafolgestörung, der Reaktion darauf, zu unterscheiden. Warum ist das so wichtig? Und was macht eigentlich ein Trauma aus, wie grenzt es sich zum Beispiel von einer Krise ab? An dieser Stelle braucht es eine genaue Begriffsklärung. Das gilt umso mehr, als der Begriff Trauma zunehmend inflationär verwendet wird. Insbesondere im Bereich der sozialen Medien könnte man mittlerweile den Eindruck gewinnen, dass überspitzt gesagt ein missglückter Haarschnitt oder das falsche Geburtstagsgeschenk eine traumatische Erfahrung darstellt. Das ist mitnichten so, zumindest nicht im medizinischen Sinn! Psychotherapeutisch bzw.

psychiatrisch betrachtet bezeichnet ein Trauma weitaus mehr als eine negative oder unangenehme Erfahrung.

Laut der Deutschen Traumastiftung ist ein Trauma „ein belastendes Ereignis oder eine Situation, die von der betreffenden Person nicht bewältigt und verarbeitet werden kann. Es ist oft Resultat von Gewalteinwirkung – sowohl physischer wie psychischer Natur. Bildhaft lässt es sich als eine ‚seelische Verletzung' verstehen."[125]

Ein Trauma ist ein belastendes Ereignis oder eine Situation, die nicht bewältigt und verarbeitet werden kann.

In der Forschung wird das Trauma oft als Spezialfall der Krise verstanden.[126] Diese Unterscheidung ist vor allem für den wissenschaftlichen Bereich relevant. Entscheidend für dich ist zu wissen: Die Verwendung beider Begriffe im Alltag unterscheidet sich deutlich von ihrer medizinischen Verwendung.

Die zweite Information, die für dich wichtig ist, ist der Unterschied zwischen dem Trauma als Ereignis und seinen Folgen. Diese Unterscheidung ist deshalb von so großer Bedeutung, weil ein traumatisches Erlebnis nicht automatisch zu einer Traumafolgestörung führt. Selbst wenn du eine traumatische Erfahrung machst, besteht die Möglichkeit, dass du diese ohne gravierendere Folgen überwindest. Das gibt Grund zur Hoffnung, denn prozentual betrachten treten Traumata als Ereignisse deutlich öfter auf als Traumafolgestörungen! Das bedeutet, dass zwar eine ganze Menge von Menschen in ihrem Leben leider einmal ein Trauma erleben, es allerdings einer erheblichen Zahl gelingt, diese Erfahrung ohne Traumafolgestörung zu überwinden.

Hinsichtlich der Häufigkeit habe ich gerade von „einer ganzen Menge" Menschen gesprochen und du hast dich vielleicht gefragt, was das in Zahlen ausgedrückt bedeutet. Diese Frage beschäftigt seit

Langem auch die Wissenschaft. Allerdings ist es sehr schwer, konkrete Angaben bezüglich der tatsächlichen Häufigkeit zu machen. Eine repräsentative Studie ergab beispielsweise, dass in einer Befragung 28,0 % der Frauen und 20,9 % der Männer mindestens ein traumatisches Erlebnis benannten.[127] Andere Autoren berichten Zahlen von ca. 60 % aller Männer und ca. 50 % aller Frauen[128] oder geben sogar eine Spannweite von 50 bis 90 % an, in der Menschen entweder einmal oder mehrfach traumatischen Erlebnissen ausgesetzt sind.[129]

Du siehst: Je nach Standpunkt und ausgewählter Gruppe sind Traumata relativ weit verbreitet. Vergleichsweise vielen Menschen gelingt es wie gesagt aber, diese zu bewältigen, ohne dass eine Traumafolgestörung entsteht. Forschungen zur PTBS (posttraumatische Belastungsstörung) decken diese Einschätzung. Sie zeigen, dass zahlreiche Menschen im Laufe ihres Lebens traumatische Erfahrungen machen. In Deutschland entwickeln allerdings nur zwischen 1 % und 4 % aller Menschen im Laufe ihres Lebens eine PTBS.[130] Im internationalen Vergleich liegen diese Zahlen tendenziell höher. Allerdings ist es auch hier so, dass ein traumatisches Erlebnis nicht zwangsläufig mit einer PTBS einhergeht.[131]

Vergleichsweise vielen Menschen gelingt es, Traumata zu bewältigen, ohne dass eine Traumafolgestörung entsteht.

PTBS – was ist das und wen trifft sie?

Gleich vorneweg: Es existieren einzelne Faktoren, die das Auftreten einer PTBS nach einem Trauma anscheinend mehr oder weniger wahrscheinlich machen. Dazu zählen unter anderem die persönliche Biografie, die individuelle (Stress-)Belastung bzw. Resilienz zum Zeitpunkt des Geschehens sowie die Umstände im Anschluss.

Trotz dieser Indikatoren ist es unmöglich, verlässlich vorhersagen, wer eine Traumafolgestörung entwickelt und wer nicht. Eine PTBS ist somit keineswegs ein Zeichen mangelnder Resilienz oder grundsätzlicher Schwäche! Vielmehr kann sie letztendlich jeden von uns treffen. Das ist vergleichbar mit der Höhenkrankheit. Von ihr sind selbst erfahrenste und perfekt vorbereitete Bergsteiger betroffen. Gleiches gilt für die PTBS: Kommen ungünstige Umstände zusammen, setzt sie ein, ohne dass man sagen könnte, dass bereits im Vorfeld deutliche Anzeichen und Risikofaktoren vorlagen.

Was macht eine PTBS aus? Hier hat in der Forschung ein Umbruch stattgefunden. Besonders auffällig werden die Unterschiede, wenn man ältere mit neueren Definitionen vergleicht. So stand früher der Aspekt der „objektiven" Bedrohung besonders stark im Vordergrund. Die ICD-10, die 10. Auflage des internationalen Systems zur Verschlüsselung von medizinischen Diagnosen, beschrieb eine PTBS als „verzögerte (...) Reaktion auf ein belastendes Ereignis oder eine Situation kürzerer oder längerer Dauer, mit außergewöhnlicher Bedrohung oder katastrophenartigem Ausmaß, die bei fast jedem eine tiefe Verzweiflung hervorrufen würde." In der Neuauflage des Klassifikationssystems, der ICD-11, heißt es dagegen: Eine PTBS „kann sich entwickeln, wenn man einem extrem bedrohlichen oder entsetzlichen Ereignis oder einer Reihe von Ereignissen ausgesetzt war."

Die Definition einer PTBS hat sich über die Jahre stark verändert.

Der Zusatz, dass das Erlebnis von so gut wie jedem in gleicher Weise wahrgenommen werden muss, wurde also gestrichen. Damit rückt das subjektive Erleben in den Vordergrund.[132] Zudem wurden die Kriterien durch konkretere Formulierungen geschärft.[133] Der Fokus liegt nun auf folgenden Aspekten:

- Wiedererleben der belastenden Erlebnisse in der Gegenwart
- Vermeidung von Erinnerungen oder Erinnerungsanlässen, die wahrscheinlich zu einem Wiederleben der traumatischen Erfahrungen führen
- Übererregung oder erhöhte Reagibilität (beispielsweise erhöhte Wachsamkeit oder gesteigerte Schreckreaktion)

Eine PTBS stellt allerdings nur eine mögliche Reaktion auf ein Trauma dar. In der Regel handelt es sich dabei um die schwerwiegendste und langwierigste Folge, die dringend therapeutisch versorgt werden sollte. Daneben existieren weitere Symptombilder, die nach einer Krise oder einem Trauma auftreten können. Eine häufige Erstreaktion ist die akute Belastungsstörung. Sie zeichnet sich dadurch aus, dass sie mit anfänglich starken Symptomen einhergeht. Diese flauen jedoch nach kurzer Zeit ab und legen sich oft sogar komplett ohne größere therapeutische Unterstützung wieder.

Sozusagen eine Mittelstellung zwischen der akuten Belastungsreaktion und der PTBS nimmt die Anpassungsstörung ein. Wichtig: Anders als mitunter angenommen, bedeutet Anpassungsstörung nicht, dass du dich schlichtweg besser anpassen müsstest und deshalb sozusagen in deinem Verhalten „gestört" bist! Vielmehr bezeichnet die Anpassungsstörung „eine maladaptive (also schlecht angepasste) Reaktion auf einen identifizierbaren psychosozialen Stressor oder mehrere Stressoren (z.B. Scheidung, Krankheit oder Behinderung, sozioökonomische Probleme, Konflikte zu Hause oder am Arbeitsplatz), die normalerweise innerhalb eines Monats nach dem Stressor auftritt". Liegt der Verdacht auf eine Anpassungsstörung vor, solltest du dich an einen Arzt oder Therapeuten wenden.

Du siehst: Eine Krise oder ein traumatisches Ereignis bedeutet einen Einschnitt im Leben, der unterschiedliche, teils weitreichende Folgen haben kann. Diese erfordern unter Umständen eine Behandlung und therapeutische Begleitung. Dennoch ist es möglich, selbst schwerwiegendere Formen wie die PTBS zu überwinden und zurück in die eigene Balance zu finden. Auf den ersten Blick mag es anders erscheinen, aber Mut, Lebensfreude und Optimismus können sich sogar nach sehr intensiven Krisen wieder einstellen.

Eine Krise oder ein traumatisches Ereignis bedeutet einen Einschnitt im Leben, der unterschiedliche Folgen haben kann.

Wie der Weg zurück in die Balance aussieht, muss individuell entschieden und angepasst werden. Ein entsprechend qualifizierter Experte unterstützt dich dabei. Möchtest du dich über aktuelle wissenschaftliche Empfehlungen und den momentanen Forschungsstand informieren, stellen die jeweiligen medizinischen Richtlinien einen guten Anhaltspunkt dar. Du findest sie unter dem jeweiligen Stichwort (z. B. „S3-Leitlinie posttraumatische Belastungsstörung") frei verfügbar im Netz.

Erste Schritte zurück zu Mut und Hoffnung

Nach einer heftigen Krise oder einem Trauma ist die Anfangsphase meist geprägt von Terminen und organisatorischen Fragen. Du durchläufst den kompletten diagnostischen Prozess, musst parallel dazu die für dich passenden Unterstützer finden und bist gezwungen, deinen Alltag ein Stück weit zu restrukturieren. Das umfasst auch die Frage, welche Art von „Alltag" gerade möglich ist, ob du also beispielsweise eine (längere) Krankschreibung oder einen Klinikaufenthalt benötigst oder weiterhin in die Arbeit gehst und welche Aufgaben du selbst bewältigen kannst bzw. wo du Unterstützung brauchst.

Nach einer heftigen Krise oder einem Trauma ist die Anfangsphase meistgeprägt von Terminen und organisatorischen Fragen.

In der Regel nehmen diese Fragen so viel Zeit und Energie in Anspruch, dass wenig Raum für andere Gedanken bleibt. Diese Art der „Beschäftigung" ist zwar anstrengend, bietet aber den Vorteil, dass sie dich ablenkt und deinem Tagesablauf eine gewisse Struktur verleiht.

Umso mehr Raum zum Nachdenken bleibt dafür etwas später. Stehen die neuen Routinen und Therapietermine und sind die Aufgaben entsprechend verteilt, gibt es plötzlich, vielleicht zum ersten Mal seit vielen Jahren, längere Phasen, in denen du wenig oder vielleicht sogar so gut wie nichts zu tun hast, das du unbedingt zu diesem Zeitpunkt tun musst. Das kann sich anfangs sehr ungewohnt und seltsam anfühlen! Allerdings ist es durchaus gewollt, dass du dich an Phasen der Ruhe gewöhnst und die Gelegenheit hast, dich auf dich selbst zu konzentrieren, anstatt von einer Aufgabe zur nächsten zu hetzen.

Für Außenstehende, die selbst gerade im Stress sind, mag das sehr attraktiv und verlockend klingen. Vielleicht erhältst du in derartigen Situationen sogar den Rat: „Mach es dir möglichst schön, erhole dich und tu das, was dir jetzt guttut." Befändest du dich in einem selbstgewählten Erholungsurlaub, wäre das sicherlich eine gute Empfehlung! Das Problem, wenn du gerade noch mit den Nachwirkungen einer Krise kämpfst: In derartigen Phasen weißt du unter Umständen gar nicht, was dir eigentlich guttäte, oder bist schon froh, wenn die Situation halbwegs erträglich ist. Von Genuss oder gar Vergnügen also keine Spur! Alternativ dazu hast du das Gefühl, dass du am glücklichsten wärst, wenn du genau das tun könntest, was gerade nicht funktioniert – also wie gewohnt deinen früheren Alltag zu leben, dich auszupowern oder durchgängig Leistung zu erbringen. Die Aussicht auf einige Tage oder sogar Wochen der angeblich so schönen Ruhe und Entspannung wird dann zum Stressfaktor, anstatt einen Grund zur Freude darzustellen.

Bist du gezwungen, eine (längere) Auszeit zu nehmen und dich physisch wie psychisch zu regenerieren, stellen sich darüber hinaus Gedanken ein wie: „Wie lange dauert das alles noch?“, „Was geschieht, wenn ich mich gar nicht mehr erhole?“ und „Ich kann doch auf die Frage, wie lange ich noch krankgeschrieben bin, nicht jedes Mal antworten ‚Ich weiß nicht‘ oder ‚Auf unbestimmte Zeit!‘“

An dieser Stelle gibt es kein Patentrezept. Für viele ist die Situation vor allem dann belastend, wenn noch komplett offen ist, wie lange der Heilungsverlauf dauert und von wenigen Wochen bis hin zu mehreren Monaten alles möglich scheint. Leider hilft hier nur eine gewisse Akzeptanz. Je besser du dich mit der Tatsache arrangierst, dass deine Psyche Zeit zur Erholung und Regeneration braucht, desto einfacher fällt es, mit diesem Zustand umzugehen.

Je besser du dich damit arrangierst, dass deine Psyche Zeit zur Regeneration braucht, desto einfacher fällt es, damit umzugehen.

Anfangs ist es zudem häufig so, dass die Entscheidung über das weitere Vorgehen wochen- oder monatsweise erfolgt, ohne dass ein konkretes Enddatum benannt wird. Dieser Zustand der Unsicherheit verursacht Stress. Sprich bei Bedarf mit deinem Therapeuten darüber, um Ansätze zu finden, wie du besser mit dieser Situation umgehen kannst. Versuche parallel dazu, dich so weit wie möglich auf den Moment zu konzentrieren und den jeweils nächsten Schritt anzugehen, anstatt dich in „Was wäre wenn“-Szenarien zu verlieren.

Das ist leichter gesagt als getan, kann aber gelingen. Deutlich einfacher wird es mit entsprechender Ablenkung: Bewegung, Handarbeiten, handwerkliche Betätigungen im Haus, Gartenarbeit, eine Fremdsprache etc. – das alles sind Tätigkeiten, die es dir erleichtern, aus Gedankenspiralen auszubrechen und dich auf die Gegenwart zu konzentrieren.

Die zweite Herausforderung neben der Ungewissheit: die Geschwindigkeit des Fortschritts. In sehr vielen Fällen stellt sich schlussendlich eine deutliche Besserung ein. Oft setzt diese jedoch fast unmerklich und in kleinen Schritten ein. Das erweckt den Eindruck, es ginge überhaupt nichts voran und du seist in deinem Zustand förmlich gefangen. Zudem ist der Weg mit einigen Höhen und Tiefen verbunden.

Lass dich davon nicht entmutigen! Es hilft, Durststrecken zu überstehen, wenn du die „guten“ Phasen schriftlich fixierst. Denn wie du weißt, sieht dein Gehirn unter Stress vor allem das Negative und verdrängt dabei beispielsweise, dass es durchaus schon wieder bessere Tage gab. Hast du die Erinnerung daran schriftlich festgehalten, kannst du in deinen Aufzeichnungen zurückblättern und deinen Eindruck korrigieren.

Unter Umständen hilft es dir darüber hinaus, dich mit Menschen auszutauschen, die in einer ähnlichen Lage waren. Hörst du von ihren Erlebnissen und erkennst, dass sie mit ganz ähnlichen Gedanken und Emotionen zu kämpfen hatten, fällt es leichter, die eigene Situation zu akzeptieren und die notwendige Geduld aufzubringen.

Tausche dich, wenn es dir guttut, mit Menschen aus, die in einer ähnlichen Lage waren.

Ein solcher Austausch kann ebenso Selbstvorwürfen und Schuldgefühlen entgegenwirken. Warum? In der Praxis erlebe ich immer wieder, dass Klienten alles daransetzen, die Dinge „richtig“ zu machen, um optimal zu ihrer Genesung beizutragen. Mit anderen Worten, sie führen alle ausgewählten Übungen regelmäßig aus, arbeiten daran, den Stress zu reduzieren, achten auf ihre Ernährung und bemühen sich um ausreichend Schlaf.

Gib dir die Zeit, die du brauchst Das sind in der Tat wichtige Bausteine! Allerdings lässt sich psychische Genesung ebenso wenig erzwingen oder mit Hochdruck beschleunigen, wie du ein gerissenes Band oder einen gebrochenen Knochen dazu zwingen kannst, sich schnellstens wieder zusammenzufügen. Einmal mehr akzeptieren wir das im physischen Bereich meist leichter. Bei unserer Psyche erwarten wir dagegen unbewusst, dass wir, wenn wir es nur ausreichend wollen und uns anstrengen, die Genesung quasi auf Knopfdruck herbeiführen können. Dieser Automatismus wäre zwar schön, aber in der Praxis funktioniert deine Psyche leider anders.

Führe dir diesen Punkt vor Augen, wenn Gedanken aufkommen wie „Wenn ich stärker wäre, hätte ich das schon längst geschafft“ oder „Ich muss mich nur noch mehr anstrengen, damit es endlich besser wird“. Vielleicht hilft dir der vorhin angeführte Vergleich mit einer gerissenen Sehne, einem Knochenbruch oder einem Bandscheibenvorfall. All diese Verletzungen brauchen Zeit, um auszuheilen – diese Phase ist lästig, hinderlich und unschön, aber sie geht vorbei und die verletzte Struktur ist danach häufig wieder belastbar und „alltagstauglich“.

Ähnlich verhält es sich mit deiner Psyche. Sie kann ebenfalls einen gehörigen „Treffer“ abbekommen, der ausheilen muss. Diesen Prozess kannst du unterstützen, manches liegt jedoch außerhalb deines Einflussbereichs. Diese Erfahrung ist mitunter frustrierend genug. Das Letzte, was du in einer solchen Situation brauchst, sind Selbstvorwürfe und ein schlechtes Gewissen. Vielleicht hilft es dir, deine Gedanken mit anderen Menschen zu besprechen und so einen „Reality Check“ durchzuführen, also festzustellen, ob du wirklich mehr tun könntest und ob die Dinge in der Tat so ungewöhnlich langsam vorangehen oder ob du nur sehr, sehr hohe Ansprüche an dich selbst stellst.

Vermeide Selbstvorwürfe und ein schlechtes Gewissen!

Ich würde dir allerdings empfehlen, diese Gespräche auf einen engen Kreis an Menschen zu beschränken und dafür diejenigen auszuwählen, die sich mit der Thematik fachlich auskennen. Ansonsten drohen diverse gute Tipps und Ratschläge, die zwar gut gemeint, in der Situation aber alles andere als willkommen oder hilfreich sind. Das gilt nicht zuletzt für Plattitüden wie „Kopf hoch, das wird schon wieder“ oder „Zähne zusammenbeißen und durchkämpfen“.

Eine gewisse Dosierung und Auswahl empfehle ich dir ebenfalls bei Gesprächen mit anderen Menschen in der gleichen Situation. Dieser Austausch ist insofern hilfreich, als diese Gesprächspartner oft intuitiv verstehen, was Sache ist und wie du dich fühlst. Zudem lässt sich der eine oder andere Tipp austauschen. Allerdings birgt diese Form des Austauschs das Risiko, dass es schlussendlich nur noch um deine Erkrankung und die damit einhergehenden Symptome geht oder dass eine Stimmung einsetzt, in der ihr euch gegenseitig bestätigt, wie schlimm die Dinge sind und wie furchtbar doch alles ist. Welchen Effekt das haben kann, hast du in den vorherigen Kapiteln bereits mehrfach gelesen!

Reduziere in Phasen, in denen es dir nicht gut geht, Unterhaltungen, die dich eher nach unten ziehen als stärken.

Achte in Phasen, in denen es dir selbst nicht gut geht, deshalb besonders darauf, wie du dein Umfeld gestaltest, und reduziere Unterhaltungen, die dich eher nach unten ziehen als stärken. Dann sind Gespräche eine wertvolle Ressource! Das gilt je nach Stimmung sowohl für philosophisch-tiefgründige als auch für oberflächlich-witzige Unterhaltungen. Beide haben ihre Berechtigung und können genau das sein, was du im entsprechenden Moment brauchst!

Posttraumatisches Wachstum

„Letztendlich sollte alles so sein", „Am Schluss ist es immer für irgendetwas gut" und „Der Sinn zeigt sich erst hinterher." Diese Sätze hört man häufig nach einschneidenden Erlebnissen. In dieser pauschalen Form empfinde ich sie selbst als schwierig und würde sie so absolut formuliert nicht unterschreiben. Sicherlich: Vieles fügt sich wieder und es gibt Menschen, die aus negativen Erfahrungen mit unerwarteten Stärken hervorgehen oder vollkommen neue Perspektiven für sich entdecken. Allerdings ist dieser Weg alles andere als leicht und bei mir stellt sich manchmal der Gedanke ein: „Für diese Lernerfahrung war das doch ein sehr, sehr hoher Preis."

Zudem fällt es mir schwer, bei manchen Geschehnissen irgendeine Art von „Sinn" oder „Nutzen" zu erkennen. In solchen Fällen ist für mich der Gedanke tröstlicher, dass nicht alles einen erkennbaren Sinn hat, aber dass die Möglichkeit besteht, sogar furchtbarste Erlebnisse zu überwinden und für sich einen Zustand zu finden, der auf seine Weise lebenswert und erfüllend ist.

Bekommt das Schreckhafte und Schmerzliche seinen Platz in der Vergangenheit, hört es auf, die Gegenwart zu bestimmen.

Ist dieser Zustand anders als zuvor? Ich glaube ja. Schmerzliche Erlebnisse bleiben schmerzlich und hinterlassen Spuren. Somit prägen sie das weitere Leben. Aus meiner Sicht ist das schon allein deshalb so, weil sie Teil unserer Biografie werden und wir Dinge anders bewerten als vor der Krise. Das Schreckhafte und Schmerzliche lässt sich aber insofern überwinden, als es einen Platz in der Vergangenheit erhält und aufhört, unsere Gegenwart zu bestimmen. Häufig verschieben sich dabei zugleich die Prioritäten und es eröffnen sich neue Blickwinkel. Dann kann das eintreten, was in der Forschung als „posttraumatisches Wachstum" bezeichnet wird.[134] Was kannst du dir darunter vorstellen?

Das Phänomen des posttraumatischen Wachstums hat in der Traumaforschung der vergangenen Jahre zunehmend an Bedeutung gewonnen. Der Begriff des posttraumatischen Wachstums oder der posttraumatischen Reifung bezeichnet positive psychologische Veränderungen, die Betroffene als Ergebnis oder Folge des Bewältigungsprozesses schwerwiegender Lebenskrisen und Belastungen erleben. Ein entscheidender Faktor ist, dass die Betroffenen diese selbst ebenfalls als positiv wahrnehmen und somit tatsächlich ein neuer Lebensabschnitt beginnt.[135]

Für mich bietet dieses Konzept viel Grund zu Optimismus und Hoffnung. Selbst wenn du eine sehr harte Phase hinter dir haben solltest: Eine Rückkehr zu Lebensfreude und innerer Zufriedenheit ist möglich! Ich schätze diese Sichtweise darüber hinaus sehr, weil sie das Vergangene würdigt und seinen Schrecken anerkennt, ihn also weder negiert noch beschönigt, aber trotzdem einen Weg hinaus aufzeigt.

Wie kann ein solcher Weg aussehen? Das, was geschehen ist, war eine schmerzliche, verletzende und belastende Erfahrung und wird als solche Teil deiner Lebensgeschichte. Was sich jedoch ändert, ist die Perspektive auf das Geschehene sowie die Macht, die es über dich und dein Leben hat. Ist der Prozess der Trauer und der Traumaverarbeitung durchlaufen, haben die belastenden Ereignisse ihren Platz in der Vergangenheit gefunden. Während sie zuvor in Form von Erinnerungsfragmenten herumschwirrten und den Alltag unterbrachen oder sogar dominierten, sind sie dann integriert und fester Teil der Vergangenheit. Auf dieser Basis gelingt es dir, wieder nach vorne zu blicken und dein Leben neu auszurichten.

EIN WORT ZUM SCHLUSS

„Die Welt wird eine andere sein“, „Es wird nie wieder so, wie es einmal war“, „Damit hat sich alles verändert.“ Solche Sätze fallen häufig nach Katastrophen, Krisen und anderen einschneidenden Ereignissen. Meist werden sie begleitet von einem Ausdruck des Bedauerns, der Trauer oder der Enttäuschung. Indirekt wird also kommuniziert: Früher war alles gut, jetzt ist dieser Zustand unwiederbringlich zerstört.

Tatsächlich hinterlassen gravierende Erfahrungen ihre Spuren und verändern vieles. Allerdings ist neutral betrachtet die Welt morgen immer eine andere als heute. Das ist keineswegs zynisch gemeint! Beständiger, unaufhaltsamer Wandel ist Teil des Lebens. Diese Tatsache kannst du bedauern: Schönes vergeht, du musst dich von Liebgewonnenem verabschieden, Gewohntes aufgeben und Geschätztes loslassen. In schlechten Phasen zieht dich das Wissen, dass alles Schöne und Angenehme vergeht, noch weiter nach unten.

Was du dabei vollkommen aus dem Blick verlierst: Alles Schlechte, Negative und Belastende ist ebenso temporär und geht somit vorüber. Es besteht neben aller Melancholie und Trauer also auch immer Grund zu Hoffnung und Optimismus – zumindest ein bisschen!

Was zusätzlich hinzukommt: Deine Bedürfnisse und Prioritäten verändern sich. Selbst wenn du an einem Punkt deines Lebens den perfekten Job und das optimale Umfeld gefunden hattest: Irgendwann wäre der Zeitpunkt gekommen, an dem sich die Rahmenbedingungen geändert oder sich deine Wünsche und Bedürfnisse so gewandelt hätten, dass plötzlich doch nicht mehr alles perfekt gewesen wäre.

Blickst du mit einer solchen Perspektive zurück, stellst du vielleicht sogar fest, dass dir in der Rückschau vor allem deshalb so perfekt erscheint, weil du gezwungen warst, dich davon zu lösen. Hättest du dich selbst für eine Veränderung entschieden, sähe es vermutlich anders aus und du stündest dem Wandel positiver gegenüber.

Hat dich dagegen eine Krise aus dem herausgerissen, was dir vertraut und lieb war, geht das mit Schmerz, Wut und Trauer einher. Setzen sich diese Emotionen fest, hat das Neue gar keine Chance, in irgendeiner Art und Weise gut oder schön zu werden. Öffnest du dich gedanklich zumindest der Möglichkeit, dass es, trotz aller Krisen und Katastrophen, auch (wieder) Schönes und Angenehmes geben kann, steigen die Chancen erheblich, dass dieser Zustand eintritt und du ihn vor allem selbst so wahrnimmst.

Mit diesem Gedanken möchte ich mich von dir verabschieden und dir alles Gute für deinen ganz persönlichen weiteren Weg wünschen. Gleichzeitig bedanke ich mich bei dir, dass du dich auf diese Reise eingelassen hast und mir bis hierhin gefolgt bist.

Ganz zum Schluss möchte ich dir noch einen Gedanken mit auf den Weg geben, der mir über die Jahre hinweg immer wieder geholfen hat. Durch Zufall habe ich ihn vor langer Zeit erstmalig im „Kölschen Grundgesetz“ gefunden. Als Fränkin verstehe ich manches davon zwar fast nur mit Übersetzung, aber inhaltlich würde ich vieles voll und ganz unterschreiben! So heißt es in Artikel 2: „Et kütt wie et kütt“ („Es kommt, wie es kommt“) und in Artikel 3: „Et hätt noch emmer joot jejange“ („Es ist bisher noch immer gut gegangen.“)[136]

Ich persönlich möchte dem noch eine fränkische Ergänzung hinzufügen: „Des werd scho widda wern“ („Das wird sich schon alles wieder zum Guten wenden.“) Genau das wünsche ich dir: dass es vielleicht anders, aber dafür „anders gut“ wird!

QUELLEN

1 https://www.rheingold-marktforschung.de/gesellschaft/deutschland-auf-der-flucht-vor-der-wirklichkeit/
2 https://hellobetter.de/blog/krisenstimmung-in-deutschland/
3 https://www.lptw.de/fortbildungsprogramm/programm-offline.php
4 https://www.dgppn.de/schwerpunkte/zahlenundfakten.html
5 https://www.dgppn.de/schwerpunkte/corona/psyche-und-pandemie.html
6 https://de.statista.com/themen/1318/psychische-erkrankungen/#topicOverview
7 https://de.statista.com/statistik/daten/studie/246810/umfrage/arbeitsunfaehigkeit-aufgrund-psychischer-erkrankungen/
8 https://www.dak.de/dak/unternehmen/reporte-forschung/psychreport-2023_32618
9 https://www.deutsche-rentenversicherung.de/SharedDocs/Downloads/DE/Statistiken-und-Berichte/statistikpublikationen/rv_in_zeitreihen.html
10 https://www.tagesschau.de/jahresrueckblick/meldung-ts-3420.html
11 Kelly RL (2019). The Fifth Beginning. What Six Million Years of Human History Can Tell Us About Our Future. Oakland, CA: University of California Press
12 https://www.nytimes.com/2003/07/06/books/chapters/what-every-person-should-know-about-war.html
13 https://www.bpb.de/themen/umwelt/anthropozaen/216918/texte-und-grafiken-zur-grossen-beschleunigung-the-great-acceleration/
14 https://library.oapen.org/bitstream/id/93f950ad-464d-4002-9aaa-3e1a3b3fe823/Disasters_and_History.pdf
15 https://www.tor-online.de/magazin/science-fiction/postapokalypse-alles-was-du-ueber-das-genre-wissen-musst
16 https://www.uni-heidelberg.de/de/newsroom/apokalyptische-und-postapokalyptische-studien
17 https://www.bpb.de/kurz-knapp/lexika/lexikon-der-wirtschaft/19533/globalisierung/
18 https://wirtschaftslexikon.gabler.de/definition/globalisierung-35657

19 Bentley JH (2013). Environmental Crises in World History, Procedia – Social and Behavioral Sciences, vol. 77, 2013, 108–115, https://doi.org/10.1016/j.sbspro.2013.03.067
20 https://www.welt.de/wissenschaft/article106336735/Wer-hat-die-Groesste-Wer-kann-am-weitesten.html
21 https://www.zdf.de/politik/auslandsjournal/china-wirtschaft-entwicklung-abhaengigkeit-100.html
22 https://www.wiwo.de/unternehmen/industrie/arzneimittel-knappheit-wir-muessen-uns-aus-der-medikamenten-abhaengigkeit-von-china-befreien/28831470.html
23 https://www.zdf.de/nachrichten/politik/ausland/china-deutschland-taiwan-konflikt-wirtschaft-abhaengigkeit-100.html
24 https://www.oxfordreference.com/display/10.1093/acref/9780191826719.001.0001/q-oro-ed4-00018552
25 https://www.sciencedirect.com/science/article/pii/S0887618516300469#sec0095
26 https://www.bbc.com/worklife/article/20211022-why-were-so-terrified-of-the-unknown; https://www.medicalnewstoday.com/articles/fear-of-the-unknown#how-to-cope
27 https://www.vocer.org/unsere-angst-vor-dem-unbekannten/
28 https://www.wallstreet-online.de/nachricht/16470613-heftige-kursein-brueche-boersenchaos-new-york-stock-exchange-mega-crash-los
29 https://www.tagesschau.de/wissen/forschung/ki-psychotests-100.html
30 https://www.nationalgeographic.de/wissenschaft/2021/08/psychologie-wieso-menschen-risiken-unterschiedlich-einschaetzen
31 https://www.psychologytoday.com/intl/blog/what-would-aristotle-do/201105/the-fear-losing-control
32 Hüther G (2010). „Was für Krisen braucht und wie viel Krise verträgt der Mensch? Neurobiologie der Krisenentstehung und Krisenbewältigung“ in: Schmidt G et al. Gut beraten in der Krise. Ulm: managerSeminare Verlag
33 Peichl J (2023). Ego-States, Seiten, Parts & Co. Modelle der Teiletherapie. Stuttgart: Klett-Cotta (insbesondere Kapitel 12 – Die Polyvagal-Theorie und intrauterine Reflexe)
34 https://www.hogrefe.com/de/thema/gefuehl-und-verstand-wie-sie-gute-entscheidungen-treffen
35 https://www.helios-gesundheit.de/magazin/news/03/psychosomatik-corona/, https://unipub.uni-graz.at/obvugrfodok/content/titleinfo/6713151/full.pdf

36 https://elib.uni-stuttgart.de/bitstream/11682/5640/1/ab202a.pdf
37 Reddemann L (2021). Die Welt als unsicherer Ort. Psychotherapeutisches Handeln in Krisenzeiten. Stuttgart: Klett-Cotta
38 https://www.dbb.de/fileadmin/user_upload/globale_elemente/pdfs/2023/230815_dbb_Buergerbefragung_2023_final.pdf
39 https://hub.hslu.ch/business-psychology/gefuehltes-risiko/
40 https://www.youtube.com/watch?v=Og59snm16sw
41 https://greatergood.berkeley.edu/article/item/eight_reasons_to_distrust_your_own_perceptions; https://www.amazon.de/Perception-How-Bodies-Shape-Minds/dp/1250219116; https://www.spektrum.de/news/unsere-inneren-universen/1696550
42 https://www.ard-media.de/media-perspektiven/studien/ardzdf-massenkommunikation-langzeitstudie
43 https://www.ard-zdf-massenkommunikation.de/
44 https://www.ard-zdf-massenkommunikation.de/files/Download-Archiv/MK_Trends_2023/Kernergebnisse/Publikationscharts_MK_Trends_2023.pdf
45 https://www.ard-media.de/fileadmin/user_upload/media-perspektiven/pdf/2020/070820_Breunig_Handel_Kessler.pdf
46 https://dietergeorgherbst.de/blog/2013/02/07/bildeigenschaften-wir-schauen-lieber-als-wir-lesen/
47 Dewan P (2015). Words Versus Pictures: Leveraging the Research on Visual Communication. Partnership: The Canadian Journal of Library and Information Practice and Research, vol. 10, no. 1, June 2015, doi:10.21083/partnership.v10i1.3137
48 https://www.bonn-institute.org/news/psychologie-im-journalismus-5
49 https://web.fundraiser-magazin.de/gute-fotos-gute-spenden-welche-bilder-ueberzeugen
50 https://idw-online.de/de/news450957
51 Schultz, Karoline & Schweiger, Wolfgang. (2011). Meta-Analyse – Bewegte Bilder steigern die Werbewirkung. Media Spectrum. 31. 36-38. 10.1365/s35173-011-0164-3.
52 https://www.psychologytoday.com/us/blog/lifting-the-veil-trauma/202001/watching-the-news-can-be-traumatizing

53 Vgl. etwa https://www.bma.org.uk/advice-and-support/your-wellbeing/vicarious-trauma/vicarious-trauma-signs-and-strategies-for-coping, https://dartcenter.org/, https://www.journalismforum.ca/vicarious-trauma, https://www.apa.org/topics/covid-19/journalists-first-responders, https://www.psychologytoday.com/intl/blog/why-bad-looks-good/202301/how-journalists-experience-vicarious-trauma
54 https://www.psychologytoday.com/intl/blog/why-bad-looks-good/202301/how-journalists-experience-vicarious-trauma
55 https://clinical-neuropsychology.de/imagery-rescripting-deutsch/
56 https://www.springerprofessional.de/verschwimmende-grenzen-zwischen-journalismus-public-relations-we/11953486
57 https://www.sueddeutsche.de/medien/menschen-hautnah-wdr-journalismus-1.4301598
58 https://www.welt.de/kultur/medien/article187272370/Menschen-hautnah-WDR-gibt-Ungereimtheiten-bei-Doku-Reihe-zu.html
59 https://www.hermeneutische-blaetter.uzh.ch/article/view/2815
60 https://leibniz-hbi.de/uploads/media/Publikationen/cms/media/k3u8e8z_AP63_RIDNR22_Deutschland.pdf
61 https://www.hans-bredow-institut.de/de/aktuelles/nachrichtenmuedigkeit-nimmt-weiter-zu
62 https://leibniz-hbi.de/uploads/media/Publikationen/cms/media/k3u8e8z_AP63_RIDNR22_Deutschland.pdf
63 https://leibniz-hbi.de/uploads/media/Publikationen/cms/media/k3u8e8z_AP63_RIDNR22_Deutschland.pdf
64 https://www.spiegel.de/netzwelt/web/reuters-digital-news-report-2023-so-dramatisch-aendert-sich-der-nachrichtenkonsum-a-13298bcd-ce0d-4a63-a4ee-4bbabaff0c34
65 https://about.instagram.com/de-de/blog/announcements/instagram-ranking-explained
66 https://www.tagesschau.de/faktenfinder/tagesschau-audio-fakes-100.html
67 https://www.weforum.org/publications/global-risks-report-2024/digest/, https://www.tagesschau.de/ausland/weltrisikobericht-100.html
68 https://www.nationalgeographic.de/geschichte-und-kultur/2022/09/fake-news-in-der-antike-schon-die-alten-griechen-nutzten-falschinformationen

69 Eine sehr aufschlussreiche Diskussion des Phänomens „Embedded Journalism“ findest du in : Butler J (2005). Photography, War, Outrage. PMLA/Publications of the Modern Language Association of America. 2005;120(3):822–827. doi:10.1632/003081205X63886
70 https://www.spiegel.de/fotostrecke/manipulierte-bilder-fotostrecke-107186.html
71 https://www.cnbc.com/2023/05/22/google-exec-how-to-fight-fake-news-online-misinformation.html
72 https://www.liebertpub.com/doi/full/10.1089/cyber.2022.0005
73 https://praxistipps.chip.de/trolling-die-bedeutung-des-begriffs-einfach-erklaert_122110, eine „Taxonomie des Trollings“ findet sich bei Berghel H, Berleant D. (2018). The Online Trolling Ecosystem. Computer. 51. 44–51. 10.1109/MC.2018.3191256
74 Cheng J, Bernstein M, Danescu-Niculescu-Mizil C, Leskovec J (2017). Anyone Can Become a Troll: Causes of Trolling Behavior in Online Discussions. CSCW Conf Comput Support Coop Work. 2017 Feb-Mar;2017:1217–1230. doi: 10.1145/2998181.2998213. PMID: 29399664; PMCID: PMC5791909., https://www.americanscientist.org/article/anyone-can-become-a-troll
75 Suler J (2004).The Online Disinhibition Effect. CyberPsychology & Behavior. Jun 2004. 321–326.http://doi.org/10.1089/1094931041291295; Lapidot-Lefler N, Barak A (2012). Effects of Anonymity, Invisibility, and Lack of Eye-contact on Toxic Online Disinhibition. Computers in Human Behavior, vol. 28, issue 2, 2012, 434–443, https://doi.org/10.1016/j.chb.2011.10.014; https://www.cleanuptheinternet.org.uk/post/some-useful-scholarly-articles-about-online-disinhibition-anonymity-and-online-harms
76 Voggeser BJ, Singh RK, Göritz AS (2018). Self-control in Online Discussions: Disinhibited Online Behavior as a Failure to Recognize Social Cues. Front Psychol. 2018 Jan 11;8:2372. doi: 10.3389/fpsyg.2017.02372. PMID: 29375457; PMCID: PMC5768638
77 https://www.tagesschau.de/ausland/amerika/usa-giuliani-insolvenz-100.html
78 https://www.heise.de/tipps-tricks/Netiquette-Regeln-Die-Benimm-Regeln-des-Internets-6331717.html, https://wirtschaftslexikon.gabler.de/definition/netiquette-53879
79 https://dorsch.hogrefe.com/stichwort/teststandards, https://link.springer.com/chapter/10.1007/978-3-540-71635-8_9

80 https://www.thieme.de/de/thieme-telecare/143343.htm
81 https://www.uke.de/kliniken-institute/kliniken/psychosomatische-medizin-und-psychotherapie/forschung/arbeitsgruppen/ag_psychometrie-und-instrumentenentwicklung.html
82 https://dorsch.hogrefe.com/stichwort/symptom-checkliste-scl-90-r
83 https://www.testarchiv.eu/de/test/9006508
84 Ardito RB, Rabellino D (2011). Therapeutic Alliance and Outcome of Psychotherapy: Historical Excursus, Measurements, and Prospects for Research. Front Psychol. 2011 Oct 18;2:270. doi: 10.3389/fpsyg.2011.00270. PMID: 22028698; PMCID: PMC3198542
85 Stubbe DE (2018). The Therapeutic Alliance: The Fundamental Element of Psychotherapy. Focus (Am Psychiatr Publ). 2018 Oct;16(4):402–403. doi: 10.1176/appi.focus.20180022. Epub 2018 Oct 18. PMID: 31975934; PMCID: PMC6493237
86 https://www.apa.org/monitor/2019/11/ce-corner-relationships
87 https://www.uni-potsdam.de/fileadmin/projects/krahe-sozialpsychologie/images/pdf/Leidfaden_2015_1_05-Krahe.pdf
88 Siehe etwa Tao W, Zhao D, Yue H, Horton I, Tian X, Xu Z, Sun HJ (2022). The Influence of Growth Mindset on the Mental Health and Life Events of College Students. Frontiers in Psychology 13 (2022). https://www.frontiersin.org/journals/psychology/articles/10.3389/fpsyg.2022.821206. DOI10.3389/fpsyg.2022.821206; Langer E (2007). Mind-Set Matters: Exercise and the Placebo Effect. Psychological Science 18. 165–171. 10.1111/j.1467-9280.2007.01867.x. https://med.stanford.edu/news/all-news/2017/03/health-care-providers-should-harness-power-of-mindsets.html; John-Henderson NA, Wright RC, Manke KJ, Fotuhi O, Zuckerman B, Nally L, Mueller CM (2013). The Influence of Health Mindset on Perceptions of Illness and Behaviors Among Adolsecents Int J Behav Med 2021 Dec;28(6):727–736. doi: 10.1007/s12529-021-09972-2. Epub 2021 Mar 15. https://pubmed.ncbi.nlm.nih.gov/33721232; Crum AJ, Salovey P, Achor S (2013). Rethinking Stress: The Role of Mindsets in Determining the Stress Response. J Pers Soc Psychol 2013 Apr;104(4):716–733. doi: 10.1037/a0031201. Epub 2013 Feb 25. PMID: 23437923; vgl. dazu auch die weiteren Publikation von Alia Crum. Eine vollständige Übersicht findest du hier: https://profiles.stanford.edu/alia-crum?tab=publications

89 Bubl E, Kern E, Ebert D, Bach M, Tebartz van Elst L (2010). Seeing Gray When Feeling Blue? Depression Can Be Measured in the Eye of the Diseased. Biol Psychiatry. 2010 Jul 15;68(2):205–8. doi: 10.1016/j.biopsych.2010.02.009. Epub 2010 Mar 31. PMID: 20359698

90 Deisenhammer EA, Strasser A, Kemmler G (2022). Reduced Ability to Discriminate Colours – an Under-recognised Feature of Depressive Disorders? A Pilot Study. Int J Psychiatry Clin Pract. 2022 Sep;26(3):321–326. doi: 10.1080/13651501.2021.1993263. Epub 2021 Oct 24. PMID: 34689697

91 https://econtent.hogrefe.com/doi/10.1024/2235-0977/a000081

92 Siew S, Yu J (2023). Mindfulness-based Randomized Controlled Trials Led to Brain Structural Changes: An Anatomical Likelihood Meta-analysis. Sci Rep 13, 18469 (2023). https://doi.org/10.1038/s41598-023-45765-1

93 Vgl. dazu auch das Yerkes-Dodson-Gesetz: https://www.spektrum.de/lexikon/psychologie/yerkes-dodson-gesetz/17042

94 Eismann G, Lammers CH (2017). Therapie-Tools Emotionsregulation: Mit E-Book inside und Arbeitsmaterial.Weinheim: Beltz

95 Ergänzend findest du viel Material und praktische Übungen in „Therapie-Tools Emotionsregulation“ (siehe vorangegangene Fußnote)

96 Hawlik A, Grön G, Gahr M (2016). Das psychopathologische Phänomen Grübeln. Nervenheilkunde. 35. 591–596. 10.1055/s-0037-1616422

97 Sansone RA, Sansone LA (2012). Rumination: relationships with physical health. Innov Clin Neurosci. 2012 Feb;9(2):29–34. PMID: 22468242; PMCID: PMC3312901

98 Hawlik, ebd.

99 https://www.hogrefe.com/at/shop/pathologisches-gruebeln.html

100 Bosch C, Sonnentag S, Pinck AS (2018). What Makes for a Good Break? A Diary Study on Recovery Experiences during Lunch Break. J Occup Organ Psychol, 91: 134–157. https://doi.org/10.1111/joop.12195https://doi.org/10.1111/joop.12195, Lyubykh Z, Gulseren D, Premji Z, Wingate TG, Deng C, Bélanger LJ, Turner N (2022). Role of Work Breaks in Well-being and Performance: A Systematic Review and Future Research Agenda. Journal of Occupational Health Psychology, 27(5), 470–487. https://doi.org/10.1037/ocp0000337

101 Kang S, Kurtzberg TR (2019). Reach for Your Cell Phone at Your Own Risk: The Cognitive Costs of Media Choice for Breaks. Journal of Behavioral Addictions, 8(3), 395–403. https://doi.org/10.1556/2006.8.2019.21

102 https://www.who.int/europe/publications/i/item/WHO-EURO-2023-7508-47275-69347 und https://www.who.int/europe/publications/i/item/9789289055666

103 https://time.com/3518053/perfect-break/

104 Albulescu P, Macsinga I, Rusu A, Sulea C, Bodnaru A, Tulbure BT (2022). „Give Me a Break!“ A Systematic Review and Meta-analysis on the Efficacy of Micro-breaks for Increasing Well-being and Performance. PLoS ONE 17(8): e0272460. https://doi.org/10.1371/journal.pone.0272460

105 https://www.canr.msu.edu/news/emotions_are_contagious_learn_what_science_and_research_has_to_say_about_it

106 Fehse K(2022). „Agendapunkt ‚Kotz‘: Kritische Situationen und Krisen-Frust in Gruppen überwinden“ in: Schmidt G et al. Gut beraten in der Krise. Ulm: managerSeminare Verlag. 167–173

107 https://www.pnas.org/doi/10.1073/pnas.1320040111

108 Pezirkianidis C, Galanaki E, Raftopoulou G, Moraitou D, Stalikas A (2023). Adult Friendship and Wellbeing: A Systematic Review with Practical Implications. Front Psychol. 2023 Jan 24;14:1059057. doi: 10.3389/fpsyg.2023.1059057. PMID: 36760434; PMCID: PMC9902704

109 https://www.youtube.com/watch?v=iK6K_N2qe9Y&t=708s

110 Passmore J, Oades LG (2014). Positive Psychology Coaching Techniques: Active Constructive Responding, The Coaching Psychologist. 10(2), 71–73

111 https://www.ippm.at/wp-content/uploads/2017/01/streit_hd.pdf

112 Porges SW (2018). Polyvagal Theory: A Primer. Chapter 4 from Porges SW, Dana D. Clinical Applications of the Polyvagal Theory: The Emergence of Polyvagal-Informed Therapies. New York: WW Norton

113 https://www.webmd.com/mental-health/what-does-fight-flight-freeze-fawn-mean

114 https://www.goodreads.com/book/show/20556323-complex-ptsd

115 https://psychcentral.com/health/fawn-response#definition

116 https://www.ptsduk.org/its-so-much-more-than-just-fight-or-flight/

117 https://www.simplypsychology.org/fight-flight-freeze-fawn.html

118 https://www.psychologytoday.com/intl/blog/making-the-whole-beautiful/202205/what-is-the-window-tolerance-and-why-is-it-so-important

119 Rosenberg S (2018). Der Selbstheilungsnerv. Kirchzarten: VAK Verlags GmbH
120 Eine Übersicht sämtlicher Publikationen von Deb Dana findest du hier: https://www.rhythmofregulation.com/published-works. Viele ihrer Bücher sind inzwischen auch auf Deutsch erhältlich.
121 https://www.who.int/europe/news-room/fact-sheets/item/a-healthy-lifestyle—-who-recommendations. Eine ausführlichere Liste findet sich in den 20 Gesundheitsempfehlungen für 2020: https://www.who.int/philippines/news/feature-stories/detail/20-health-tips-for-2020
122 https://www.mayoclinichealthsystem.org/hometown-health/speaking-of-health/7-tips-to-live-a-happier-life
123 https://www.praxispsychotherapiemuenchen.de/ueberuns/ukraine/
124 https://register.awmf.org/de/leitlinien/detail/038-023
125 https://www.deutsche-traumastiftung.de/traumata/
126 https://www.springermedizin.de/emedpedia/psychiatrie-psychosomatik-psychotherapie/krisenintervention-und-traumatherapie?epediaDoi=10.1007 %2F978-3-642-45028-0_45
127 Maercker A et al. (2008). Posttraumatische Belastungsstörungen in Deutschland. Ergebnisse einer gesamtdeutschen epidemiologischen Untersuchung. Der Nervenarzt 5/2008. https://doi.org/10.1007/s00115-008-2467-5
128 https://www.ukr.de/fileadmin/UKR/2-medizin-pflege/kliniken__institute_abteilungen/psychosomatische_medizin/posttraumatische_belastungs_stoerung.pdf
129 https://www.springermedizin.de/emedpedia/psychiatrie-psychosomatik-psychotherapie/akute-und-posttraumatische-belastungsstoerung?epediaDoi=10.1007 %2F978-3-642-45028-0_71
130 https://www.zora.uzh.ch/id/eprint/127569/1/Int_Praxis_final.pdf
131 https://www.uptodate.com/contents/posttraumatic-stress-disorder-in-adults-epidemiology-pathophysiology-clinical-features-assessment-and-diagnosis sowie https://www.ptsd.va.gov/understand/common/common_adults.asp
132 https://www.aerzteblatt.de/archiv/35143/Posttraumatische-Belastungsstoerungen-Subjektives-Erleben-entscheidend
133 https://www.usz.ch/app/uploads/2021/01/Trauma-und-Belastungsdiagnosen-des-ICD11.pdf

134 Mangelsdorf J (2020). Posttraumatisches Wachstum. Z Psychodrama Soziom 19, 21–33, 2020. https://doi.org/10.1007/s11620-020-00525-5

135 Tedeschi RG, Shakespeare-Finch J, Taku K, Calhoun LG (2018). Posttraumatic Growth: Theory, Research, and Applications. London: Routledge; https://repositorio.ispa.pt/bitstream/10400.12/2482/1/PCH_2_43-54.pdf; https://www.researchgate.net/publication/340032440_Risikofaktoren_Resilienz_und_posttraumatische_Reifung

136 https://www.frueh.de/frueh-erleben/typisch-koeln/das-koelsche-grundgesetz/